ALLE TOUREN AUF EINEN BLICK

TOUR 1: WEITBLICKE GARANTIERT 7
Rund um Euskirchen
32 km | 233 Hm | 3 Std. | Rundtour

TOUR 2: VULKANTÄNZE 19
Rund um Steffeln
32 km | 510 Hm | 4 Std. | Rundtour

TOUR 3: FARBENFROHE NATUR 29
Erlebnistour durch das Hohe Venn
44 km | 692 Hm | 4–5 Std. | Rundtour

TOUR 4: EINFACH STAUNEN 43
Auf Höhenwegen im Ahrgebirge
49 km | 518 Hm | 4–5 Std. | Streckentour

TOUR 5: AUGEN DER EIFEL 55
Entlang des Maare-Mosel-Radwegs
43 oder 58 km | 485 Hm | 4–5 Std. | Streckentour

TOUR 6: GRENZENLOS SCHÖN 67
Hoch ins Venn
34 oder 62 km | 416 Hm | 4 oder 7 Std. | Streckentour

TOUR 7: WIE IM GLEITFLUG 79
Auf der Vennbahntrasse
49 km | 101 Hm | 4 Std. | Streckentour

TOUR 8: AUF RÖMERWEGEN 91
Rund um Nettersheim
23 km | 300 Hm | 3 Std. | Rundtour

TOUR 9: (ENT-)SPANNUNG PUR 103
Auf der Spur der Oberen Ahrtalbahn
52 km | 574 Hm | 4–5 Std. | Streckentour

TOUR 10: MAGISCHES MAIFELD 117
Drei Streifzüge in der Osteifel
3 Etappen je ca. 20 km | je 3 Std. | Streckentouren & zurück

TOUR 11: FAHRT INS BLAUE 129
Urftsee, Obersee und Rursee
36 km | 128 Hm | 3 Std. | Streckentour

TOUR 12: BOTANISCHE PERLEN 143
Rund um den Rursee
26 km | 251 Hm | 3 Std. | Rundtour

TOUR 13: NATÜRLICHE OASE 155
Eine Flussfahrt entlang der Rur
36 km | 166 Hm | 4 Std. | Streckentour

TOUR 14: FÜR ALLE SINNE 169
Entlang von Mineralquellen
26 km | 232 Hm | 3 Std. | Streckentour

TOUR 15: STILLE AUENWÄLDER 181
Auf dem Kyll-Radweg
36 km | 385 Hm | 4–5 Std. | Streckentour

Entlang des Urftseeuferweg

Liebe Radelfreunde und Entspannungssuchende,

Mit diesem Radwanderführer entführen wir Sie in eine Region, die zunächst nicht nach Radregion klingt. Denn mit der Eifel verbindet man als Erstes Berge. Doch dass das Radeln in der Eifel auch entspannend und wohltuend für das innere Gleichgewicht sein kann, können Sie bei den 15 ausgewählten und beschriebenen Wohlfühltouren selbst „erfahren" – im wahrsten Sinne des Wortes.

So liegen mitten im Nationalpark Eifel zahlreiche Talsperren und Stauseen. Das Hohe Venn im Grenzbereich zu Belgien lohnt sich schon allein wegen seiner einzigartigen Hochmoorlandschaft für einen Besuch. Eine weitere Besonderheit in der gesamten Region sind die zahlreichen Radwege auf stillgelegten Bahntrassen. Ebenfalls nicht fehlen dürfen Touren entlang des längsten Eifelflusses, der Kyll, sowie einige Abstecher verbunden mit einigen Bergwertungen in die Vulkaneifel – mit einem E-Bike jedoch problemlos zu schaffen. Von den Kuppen der Vulkaneifel, aber auch entlang ausgewählter Höhenrouten bieten sich den Eifelradlern immer wieder atemberaubende Ausblicke.

Sämtliche Touren – mit einer Länge von mindestens 23 bis maximal 60 Kilometern – verlaufen fast ausnahmslos abseits verkehrsreicher Bundes- oder Landesstraßen, also entlang von Flüssen, Stauseen oder auf den zu Radwegen umgebauten ehemaligen Bahntrassen – da ist bereits der Weg das Ziel und der Wohlfühlfaktor hoch!

Neben all diesen Entspannungsfaktoren kommt das kulinarische und kulturelle Angebot nicht zu kurz.

Wer Erholung und Entspannung auf dem Fahrrad sucht, ist in der Region Eifel also bestens aufgehoben.

Viel Freude beim Radeln für die Seele wünscht
Ihr Norbert Schmidt

NATUR-INFO

KULTUR-INFO

TOUREN-/EVENT-INFO

GENUSS-INFO

Panoramatour 1

Weitblicke garantiert
Rund um Euskirchen

Um die Region Eifel kennenzulernen, bietet sich für diese nicht sehr steigungsreiche Rundtour ein Start in der Kreisstadt Euskirchen an. Vom **Bahnhof Euskirchen** müssen wir zunächst ein Stück durch die Kreisstadt fahren. Dabei orientieren wir uns am Hauptausgang rechts, zunächst geht es auf der **Oststraße** bis zu einem Kreisel, dort weiter in Fahrtrichtung geradeaus in die **Jean-Spessart-Straße,** danach links in die **Emil-Fischer-Straße,** dann rechts entlang der **Erftstraße.** An der Ampel überqueren wir den **Keltenring,** bevor wir zum ersten Mal über die Erft fahren. Dahinter biegen wir rechts auf den Promenadenweg ein. Nicht allzu lang fahren wir entlang der Erftpromenade, dann müssen wir kurz vor Erreichen der Straßenbrücke links, weiter über die **Görresstraße** und nach Überqueren der **L 194 Kölner Straße** an der Ampel geradeaus durch die Felder und vorbei am **Ratsheimer Hof** weiterradeln. Rechts von uns haben wir bereits die Eifel im Blick.

Kurz vor **Kuchenheim** geht es im Rechtsbogen über das Gleis der Voreifelbahn, wir folgen den rot-weißen Wegweisern entlang der **Bachstraße** durch den Ort, müssen später rechts auf ein kurzes Stück der belebten Ortsdurchfahrt einbiegen und von dort links in die **Carl-Coenen-Straße** ausfädeln, kurz danach liegt links die Einfahrt zur **historischen Tuchfabrik Müller** ❶. Heute Teil des Rheinischen Industriemuseums, dokumentiert das Museum die frühere Bedeutung der Euskirchener Textilindustrie.

Direkt neben dem Gelände liegt ein Überbleibsel der früheren **Oberen Burg Kuchenheim,** einst eine Niede-

Die Industriegebäude der Tuchfabrik entstanden zwischen 1801 und 1922. Vor allem wegen der Verlagerung der Textilproduktion ins Ausland wurde die Tuchfabrik 1961 geschlossen. Heute befindet sich dort ein einzigartiges Museum der Industriegeschichte. Der Maschinenpark von einst ist noch heute voll funktionsfähig.

Panoramatour 1

rungsburg aus dem 14. Jahrhundert. Die unter Denkmalschutz gestellten Überreste der Burganlage sind heute Bestandteil des Rheinischen Industriemuseums.

Weiter geht es nach der Ausfahrt links, an der kommenden Gabelung wieder links in die **Stiefelhagenstraße,** wir queren vorsichtig die **K 24** und erahnen links der Route die einstigen Mühlengebäude, immerhin 23 Mühlen standen früher entlang des Erftmühlenbachs. Eine dieser 23 Mühlen war die **Tomberger Mühle.** Bis 1794 Zwangsmühle mehrerer Ortschaften, war sie damals die Kornmühle mit den höchsten Einkünften.

Auf der nahezu autofreien Route sehen wir bereits die Ausläufer der Voreifel, deren Höhen wir später erklimmen werden, daher genießen wir noch eine Weile die Fahrt durch die Erftaue. In Höhe des Bahnhofs erreichen wir **Stotzheim,** hier geht es zunächst links (Vorsicht!), anschließend wieder rechts und weiter entlang der **Stotzheimer Straße** mitten durch den Ort. Der gewundene Verlauf entspricht dabei dem

Herbstpartie in der Erftaue

Rund um Euskirchen

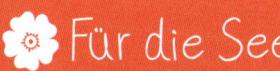

🌸 Für die Seele

Von der Erftaue auf die Höhen der Voreifel – mit tollen Aussichten in die Eifel und in die Kölner Bucht.

hier verrohrten Erftmühlenbach. Vor der Kanalisierung existierten hier ebenfalls einige Mühlen, die heute zu Wohnhäusern umgebaut sind.

Nach Verlassen der verkehrsberuhigten Ortsdurchfahrt rechts über die **Hardtstraße** und anschließend rechts **An der Liersmühle** queren wir das Bahngleis. Kurz darauf passieren wir das Gelände der **Firma Kalff,** hier werden noch heute europaweit bekannte Vliesstoffe hergestellt. Wir folgen dem Wegweiser an der kommenden Gabelung links, nicht weit entfernt liegt die **Ableitung** zum **Erftmühlenbach.**

Wir folgen den Wegweisern durch die Erftaue mit ihren Streuobstwiesen und Koppeln und erreichen kurze Zeit später **Kreuzweingarten,** heute ein Ortsteil von Euskirchen. Oberhalb des Ortes verlief früher die römische Wasserleitung, die bei Rheder die Erft überquerte. Der Ort ist geprägt von einigen noch gut erhaltenen Fachwerkbauten aus dem 18. Jahrhundert sowie der links auf einem Hang stehenden Heilig-Kreuz-Kirche, früher eine Wallfahrtskirche. Bei der Begradigung der mitten durch den Ort verlaufenden **B 51** wurden in den 1950er-Jahren viele Wohnhäuser und Werkstätten abgerissen.

Über die Antweiler Straße geht es den Wegweisern folgend leicht bergauf. Wir genießen die Ruhe abseits der Bundesstraße und gewinnen allmählich an Höhe, dabei spenden uns jedoch die neben der Strecke wachsenden Bäume und Büsche genügend Schatten. Kurze Zeit später passieren wir den **Broicher Hof,** als ehemals kurkölnischer Rittersitz erstmals 1405 erwähnt. Den

Der Mühlenbach war ein Nebenarm der Erft und kein künstlicher Graben. Dieser in östliche Richtung abzweigende Erftarm wurde später als Mühlenbach umfunktioniert und in der Höhe von Kuchenheim kanalisiert, bevor er nach 12 Kilometern nördlich von Euskirchen wieder vom Hauptfluss aufgenommen wird.

Panoramatour 1

Zugang über die einstige Wasserburganlage bildete früher eine Zugbrücke, die durch eine Steinbrücke ersetzt wurde, als der Torbau abgerissen wurde.

Weiter geht es bis zu einer Gabelung, hier haben wir die Möglichkeit, vor der Weiterfahrt nach Wachendorf einen Abstecher zum am Berghang gelegenen **Haus Maria Rast** ❷ zu machen. Hierzu müssen wir noch einmal in die Pedale treten und etwa 500 Meter bergauf fahren. In dem Ende des 19. Jahrhunderts errichteten Herrenhaus der Adelsfamilie von Mallinckrodt und seiner wechselvollen Geschichte ist heute eine Bildungsstätte der Schönstätter Marienschwestern beheimatet. Der Abstecher zu diesem Aussichtspunkt hat sich wahrlich gelohnt, denn der im Süden angelegte Garten bietet bei klarer Sicht einen tollen Ausblick in die Eifel hinein.

Nach diesem Panorama geht es zuerst bergab zurück zur Gabelung, ab dort später entgegen der Weg-

Eifelblicke

Pause am Wegesrand

Panoramatour 1

weisung geradeaus weiter in Richtung Wachendorf. Entlang der autoarmen Straße säumen alte Apfel- und Birnbäume unseren Weg, bevor wir in Höhe des ehemaligen **Rittergutes Wachendorf** die Landstraße überqueren und zum **Schloss Wachendorf** ❸ gelangen. Dessen Ursprünge reichen bis ins 12. Jahrhundert zurück, das heutige Schloss besteht aus einem großen, dreigeschossigen Herrenhaus mit einem hohen Mansardendach und sechsgeschossigen Mittelturm aus dem 19. Jahrhundert.

Beeindruckt von derlei Schlossbaukunst radeln wir nun wieder der Wegweisung folgend durch den Hauptort. An der Abzweigung **Rißdorfer Weg** nach links führt uns der weitere Verlauf zur **Bruder-Klaus-Kapelle** ❹. Diese nach Plänen des Architekten Klaus Zumthor errichtete Kapelle wurde aus reinen Materialien der Region gebaut und 2007 eingesegnet. Sogar der Beton wurde vor Ort von einer Stampfmannschaft gepresst. Wegen ihrer eigenwilligen Form und ungewöhnlichen Bauweise machte diese Kapelle häufig von sich reden. Mittlerweile ist sie ein beliebter Anlaufpunkt von Wanderern und Radfahrern. Man kann von hier aus bis in die Kölner Bucht und das Siebengebirge sehen.

Nach diesem Ausflug in die Moderne geht es der rot-weißen Wegweisung rechts folgend zunächst über autofreie Feld- und Waldwege weiter, kurze Zeit später bergab nach **Rißdorf.** Dort queren wir kurz die Ortsdurchfahrt der **L 499** und halten uns leicht links **Zum Wolfskaul,** bevor uns die Route leicht wellig nach **Lessenich** führt. Dort halten wir uns links **Am Bienengarten** und stoßen bald auf den Radweg links der **L 499 (Veyer Straße).**

Nach Unterquerung der Autobahn erreichen wir die nächste Landstraße, von der wir kurz vor Satzvey rechts abbiegen und uns über die Gleise der Eifel-Bahn rollen lassen. Wir folgen der Wegweisung links und stoßen direkt auf **Burg Satzvey** ❺, eine aus dem 12. Jahrhundert stammende Wasserburgenanlage, die

Schloss Wachendorf

Blick auf die Bruder-Klaus-Kapelle

Rund um Euskirchen

heute im Besitz der gräflichen Familie Beissel von Gymnich ist und durch zahlreiche Events überregional bekannt ist. Das Gelände und die Burg können besichtigt werden, und am Wochenende wird man in der dortigen **Burgbäckerei** ❺ kulinarisch verwöhnt.

Nach diesem Besuch biegen wir zunächst rechts auf die **Firmenicher Straße** ein, an der kommenden Gabelung links, am Ortsende folgen wir der Wegweisung halb rechts und weg von der **Gartzemer Straße.** Nun geht es leicht bergauf. Am Wegesrand können wir im Herbst Äpfel, Nüsse und Pflaumen pflücken und gleichzeitig bei klarer Sicht weit in die Zülpicher Börde schauen; vor uns liegt bereits ein weiteres Kleinod, **Burg Veynau.** Die 1340 erbaute Wasserschlossanlage Burg Veynau zählt zu den eindrucksvollsten und bedeutendsten Burgen im Rheinland, ihr mittelalterlicher Baubestand wurde kaum verändert. Die Burganlage ist jedoch seit einiger Zeit herrenlos und daher nicht zugänglich, daher sparen wir uns den Abstecher bergab und bleiben zunächst auf der Höhe, stoßen auf die **L 11,** erreichen kurz hinter der Bushaltestelle den Radweg neben der **B 266** und folgen diesem bis nach Wißkirchen. Mit dem Eifelpanorama ist es nun vorbei, wir folgen den Wegweisern durch den heutigen Ortsteil der Kreisstadt Euskirchen. Nach einigen Versätzen geht es später in **Euenheim** rechts bergab bis zum Eingang der **Alten Tuchfabrik Ruhr-Lückerath** ❻.

Von hier geht es immer der Wegweisung folgend auf einem Pfad entlang des Veybachs weiter, später durch einen Stadtpark, an einem Schulzentrum entlang und durch ein verkehrsberuhigtes Wohngebiet bis zum nächsten Stadtpark. Der Weg endet in einem Kreisel, dahinter radeln wir geradeaus weiter zum **Bahnhof Euskirchen,** dem Ende unserer erlebnisreichen Voreifel-Tour.

Wer seine Tour in **Euskirchen** ausklingen lassen möchte, erreicht links vom Bahnhofsplatz über die Bahnhofstraße die Fußgängerzone mit zahlreichen Einkehrmöglichkeiten vor allem am Alter Markt.

Nach der Besichtigung der Burganlage kann man es sich in der Burgbäckerei entweder bei süßen oder herzhaften Pfannkuchen bzw. bei Waffeln gut gehen lassen. Besonders lecker sind zur Sommerzeit Waffeln mit Blaubeeren und Sahne.

Ein Zeugnis der früher bedeutsamen Euskirchener Textilindustrie ist die Alte Tuchfabrik Ruhr-Lückerath. Die ausgedehnten Shedhallen, der Schornstein, der Wasserturm und das Kesselhaus des 1850 gebauten Komplexes fallen besonders auf. Das Werk musste 1982 als letzte und größte Euskirchener Tuchfabrik schließen, die Gebäude wurden restauriert und als Wohn-, Büro- und Lagerfläche vermietet.

Alles auf einen Blick

Entspannung ✹✹✹✹✹
Genuss ✹✹✹✹✹
Romantik ✹✹✹✹✹

WIE & WANN:
Überwiegend asphaltierte Wege, einige kurze, unbefestigte Feldwegabschnitte bei Wachendorf; beste Radelzeit Mai bis Oktober; als Einsteigertour geeignet, für Gelegenheitsradler empfiehlt sich ein E-Bike

HIN & WEG:
Start/Ziel: Bf Euskirchen (GPS: 50.392411, 6.473213)
Auto: Parkplatz (P + R) am Bf Euskirchen (Südseite)
ÖPNV: RE 12, RE/RB 22 (Eifel-Express) aus Richtung Köln bzw. Trier, S 23, RB 24 (Eifel-Bahn), RB 28

ESSEN & ENTSPANNEN:
Burgbäckerei ❺ An der Burg 3, 53894 Mechernich-Satzvey, Tel. (01 76) 62 15 16 06, www.burgbaeckerei-zu-satzvey.de (Sa. + So. 9–18 Uhr)

ENTDECKEN & ERLEBEN:
Historische Tuchfabrik Müller ❶ Carl-Koenen-Straße, 53881 Euskirchen-Kuchenheim, Tel. (0 22 34) 9 92 15 55, www.industriemuseum.lvr.de
(Di.–Fr. 10–17, Sa. + So. 11–18 Uhr, Mo. geschl.)
Haus Maria Rast ❷ Josef-Kentenich-Weg 1, 53881 Euskirchen, Tel. (0 22 56) 9.58 70, www.haus-maria-rast.de
Schloss Wachendorf ❸ Schloss Wachendorf 1, 53894 Mechernich-Wachendorf, Tel. (0 22 56) 9 58 09 80, www.schloss-wachendorf.de (geöffnet nach Vereinbarung)
Bruder-Klaus-Kapelle ❹ Rißdorfer Weg, 53894 Mechernich-Wachendorf, www.feldkapelle.de
Burg Satzvey ❺ An der Burg 3, 53894 Mechernich-Satzvey, Tel. (0 22 56) 9 58 30, www.burgsatzvey.de
Alte Tuchfabrik Ruhr-Lückerath ❻ Josef-Ruhr-Straße 30, 53879 Euskirchen-Euenheim

- 32 Kilometer
- 510 Höhenmeter
- 4 Stunden
- Rundtour

Blick in die Vulkaneifel

Panoramatour 2

Vulkantänze
Rund um Steffeln

Wir starten vom Bahnhofsvorplatz in Jünkerath rechts, orientieren uns an den grün-weißen Wegweisern in Richtung Stadtkyll (Kylltal-Radweg), fahren zunächst parallel zur Eifel-Bahn, anschließend in einigen Versätzen durch das Einkaufs- und Gewerbegebiet von Jünkerath, biegen bei **Glaadt** rechts ab, überqueren die Kyll, danach links und in der Folge auf der einstigen Bahntrasse der Vennquerbahn bis in Höhe Stadtkyll. Hinter dem einstigen Bahnhofsgebäude folgen wir den Wegweisern rechts in einer 270-Grad-Rechtsschleife nach **Stadtkyll.** Über **Kockelsberg** links auf die **Kyllstraße** bzw. **Gartenstraße** bis zum Parkplatz. Im Rechtsversatz weiter zur **Kurallee,** an der Kreuzung links auf die Hauptstraße. Nun müssen wir uns die Ortsdurchfahrten mit dem Kfz-Verkehr teilen.

Hinter der **Pfarrkirche St. Josef** biegen wir links in die **Schwammertstraße,** dahinter sofort rechts in die **Wirftstraße** ein. Wir folgen dem Verlauf der Landstraße, kurze Zeit später liegt links der Straße das Erholungsgebiet Wirfttal mit einem Campingpark. Hier wird der Wirftbach an zwei Stellen aufgestaut, sodass Baden möglich ist. Wir fahren immer in Fahrtrichtung geradeaus weiter, begleitet von der links neben uns fließenden Wirft. In Höhe der großen Linkskurve verlassen wir die Kreisstraße und fahren geradeaus weiter in den Wald hinein.

Nun wird es schlagartig ruhig, einige wenige Wanderer und Mountainbiker begegnen uns. Der Auenwald entlang der Wirft wirkt verwunschen, je nach Wetter auch ein wenig unheimlich, denn die

Um 1250 erfolgte die Stadtnennung. 1292 war Stadtkyll eine Stadt mit Ringmauer und Burg. Nach Bränden und Zerstörungen im 17. und 19. Jahrhundert verwendete man beim Wiederaufbau die Steine der Stadtmauer. So verschwand die alte Befestigung komplett. Heute ist Ihr ungefährer Verlauf nur noch an den Häuserzeilen in der Burgbergstraße zu erkennen.

Panoramatour 2

Der 2010 gegründete Naturpark Vulkaneifel umfasst Teile der Region Westeifel sowie fast den gesamten Kreis Vulkaneifel (ehem. Landkreis Daun). Hier liegen zahlreiche Maare, Vulkane sowie abwechslungsreiche Kulturlandschaften. Im November 2015 erhielt der Naturpark Vulkaneifel die offizielle Anerkennung als UNESCO Global Geopark.

stark bemoosten Äste auf den Bäumen zeugen von reichlich Niederschlag. Kein Wunder, denn wir befinden uns inmitten der Westeifel auf etwa 500 Metern Höhe – und es geht weiter bergan durch das Wirfttal. Wir passieren eine Lama- und eine Pferdekoppel, dort im Anwesen der einstigen Schönfeldermühle befindet sich heute eine Pferdepraxis, und haben kurz danach den Kirchturm von St. Matthias im Blick. Der Weg wird noch einmal etwas steiler, bevor wir in **Schönfeld,** einem Ortsteil von Stadtkyll, links auf die **Dorfstraße** einbiegen. Am Ortsende geht es auf der **L 24** weiter, wie eine riesige Achterbahn wirkt der weitere Verlauf auf der Landstraße, wo sich der Autoverkehr aber in Grenzen hält.

Am Scheitelpunkt der **L 24** in Höhe des Hasenbergs

Kylltal-Radweg bei Glaadt

Rund um Steffeln

🌸 Für die Seele

Eine Rundfahrt über ruhige Strecken – mit geologischen Einblicken und fantastischen Ausblicken in die Vulkaneifel.

haben wir eine Höhe von 577 Metern erreicht. Links von uns sehen wir Wolken über die Eifelhöhen ziehen, auch können wir den Windrädern bei ihrer Arbeit zusehen. Nun geht es zunächst bergab, hinter einem Rechtsknick der Landstraße verlassen wir die **L 24** nach rechts und fahren, nun wieder leicht bergan, bis zum dortigen Einzelhof **Rodert,** folgen ab dort links dem Hauptwegverlauf und in der Folge bergab. Rechts von uns lassen sich die ersten Vulkankuppen ausmachen; wir erreichen nun den **Naturpark Vulkaneifel.**

Schnell erreichen wir am Wegende die Kreuzung, die uns zurück zur **L 24** führt. Wir folgen dort jedoch nicht dem Verlauf nach Steffeln hinein, sondern fahren rechts entlang der Kreisstraße **K 52** in Richtung Kleinlangenfeld. Nun geht es wieder bergan, nach rund 300 Metern machen wir zunächst einen Abstecher und folgen links dem Hinweis zum **Vulkangarten am Steffelnkopf** ❷.

Nach den Einblicken in das Innere der Eifel folgen wir zunächst dem Verlauf weiter entlang der **K 52,** nach weiteren 200 Metern biegen wir links ab, nun geht es schwungvoll bergab. Am Wegende fahren wir zunächst links, sofort wieder rechts.

Hinweis: Wer noch einen Abstecher in die Ortsmitte von Steffeln machen möchte, muss an dieser Abzweigung geradeaus auf der **L 25** weiterfahren.

Ansonsten lassen wir uns entlang der verkehrsarmen Kreisstraße rollen, links von uns können wir einen Blick auf den Ort Steffeln sowie auf weitere Vulkankuppen richten. Außerdem lässt sich bei kla-

Der Steffelnkopf ist ein Vulkan im Westeifeler Vulkanfeld, der in den letzten 700.000 Jahren entstanden ist. Bis 1968 prägte der etwa 600 Meter hohe Berg das Landschaftsbild nahe Steffeln, ehe der markante zentrale Kegel abgebaut wurde. Im damaligen Abbaugebiet befindet sich heute mit dem Vulkangarten Steffeln ein geologisches Erlebnisgebiet.

rer Sicht die **Votivkapelle Wahlhausen,** etwa 1 Kilometer nordöstlich des Ortes auf der gleichnamigen Anhöhe, ausmachen. Am Wegende biegen wir links auf die **K 51** ein und folgen deren Verlauf, später über **Am Tiefenbach** bis **Auel.** Bei Durchfahrung des Ortes begegnen wir St. Nepomuk, dessen Mitte des 18. Jahrhunderts aus Sandstein gefertigte Statue die Dorfbrücke prägt. Wir bleiben auf der **Hauptstraße** und verlassen den Ort geradeaus. Am **Haus Witschen** sehen wir ein aus Lavatuff errichtetes Nischenkreuz als Teil eines Kreuzweges (Fußfall).

Nun haben wir wieder freien Blick in die Vulkanlandschaft. Eingerahmt von leuchtend gelben Rapsfeldern und grünen Wiesen können wir weitere Vulkankuppen ausmachen, in Höhe eines markanten Sandstein-Wegekreuzes am **Bammer Berg** biegen wir rechts ab und gelangen kurze Zeit später nach **Basberg.** An der Kirche St. Eligius biegen wir links in die **K 53** ein, vorher lohnt sich noch ein Blick auf die mitten im

Vulkankuppe bei Basberg

Rund um Steffeln

Bauerngarten in Basberg

Ort angelegten Bauerngärten. Unterwegs haben wir immer wieder Ausblicke auf weitere Vulkankuppen. Wir folgen dem Verlauf der K 51, einem alten Pilgerweg von Köln nach Trier mit zahlreichen Wegekreuzen, bevor unsere Route merklich bergab ins **Mühlental** führt. Dort müssen wir wieder auf die L 25 rechts einbiegen, und auf dieser in der Folge erneut bergauf aus dem Mühlental heraus auf die Anhöhe, den **Mühlenberg,** fahren – dafür werden wir mit einer tollen Aussicht belohnt. Ab hier geht es immer bergab, entlang der **Kirchstraße** lassen wir uns durch das ehemalige Straßendorf **Lissendorf** rollen, vorbei an seiner markanten Kirche St. Dionysius, und über die Einmündung der K 54 hinweg bis zum ehemaligen Bahnhofsgebäude.

Die neuzeitliche Entwicklung des Ortes ist im Kontext mit der Bahnerschließung entlang des Kylltals zu sehen, hier verläuft die noch heute aktive Bahnlinie Köln–Trier, und bis in die Nachkriegszeit

Panoramatour 2

hinein zweigte hier eine Nebenbahn in das Ahrtal ab (siehe auch Tour 9).

Ab hier lohnt in jedem Fall ein Abstecher rechts über die Überführung in den jenseits der Bahngleise liegenden Ort **Birgel.** Direkt an der Route entlang der Ortsdurchfahrt liegt die **historische Wassermühle Birgel** ❸, die eine willkommene Einkehrmöglichkeit bietet. Die aus dem 13. Jahrhundert stammende Mühle wurde mehrmals saniert und ist noch funktionstüchtig. Auf dem Gelände sind weitere, zum Teil translozierte Mühlen zu finden. Daher lohnt sich auch hier ein Besuch, zum Beispiel in der Senfmühle.

Nach diesem Abstecher fahren wir rechts aus dem Gelände hinaus, überqueren kurz danach wieder die Bahngleise und fahren dann der Wegweisung Kylltal-Radweg folgend weiter geradeaus.

Wenn wir vom Mühlenberg her kommen, biegen wir in Höhe der Bahnhofsgaststätte links auf den Kylltal-Radweg ein. Die folgende Etappe verläuft zunächst eben, doch kurz vor **Gönnersdorf** macht die Route einen Linksknick und führt ein kurzes Stück steil bergan mitten in den Ort. An der Gabelung biegen wir rechts ab und fahren nun ebenso steil bergab auf der **Jünkerather Straße.** Nach Überquerung des kleinen Tutbachs biegen wir rechts ab (Vorsicht: Der Wegweiser ist schwer zu erkennen!), queren vorsichtig die **B 421** und überqueren kurz danach die Kyll. Links der Route in Höhe des Wendehammers erläutert uns eine große Infotafel unmittelbar neben dem Relikt der Römermauer die Bedeutung der römischen Straßensiedlung Icorigium, des heutigen **Jünkerath.** Nicht weit von hier liegt das **Eisenmuseum** ❹, hier wird die Geschichte der regionalen Eisenindustrie seit dem 15. Jahrhundert dokumentiert. Angegliedert ist ein ehrenamtlich betreutes **Eisenbahnmuseum** ❹, welches vor allem ein Planarchiv von Bauplänen zu ehemaligen sowie in Betrieb befindlichen Bauwerken und Streckenführungen vorhält. Der im Eingangsbereich aufgestellte Roheisen-Pfannenwagen symbolisiert die Be-

Die Eisenverhüttung in der Vulkaneifel reicht in die vorgeschichtliche Zeit zurück. Schon die Kelten praktizierten die Bearbeitung und Verhüttung von Eisen und unter den Römern wurde diese Tradition fortgesetzt. Die 1687 gegründete Jünkerather Eisenhütte schloss im Jahr 2010, heute produziert ein industriell ausgerichtetes Unternehmen hochwertige Gusseisenprodukte für den Weltmarkt.

Rund um Steffeln

Birgeler Mühle

deutung der Eisenverarbeitung ebenso wie die Eisenbahngeschichte der Eifel.

Nun ist es nicht mehr weit bis zum **Bahnhof Jünkerath,** wo unsere Vulkantour endet. Vor der Abreise besteht die Möglichkeit, im etwa 1,5 Kilometer kyllaufwärts liegenden **Glaadt** in der dortigen **Glaadter Hütte** ❺ einzukehren und im dortigen Biergarten die Tour ausklingen zu lassen. Hierzu folgen wir so wie vorne beschrieben der Wegweisung in Richtung Stadtkyll, fahren in einigen Versätzen durch das Gewerbe- und Einkaufsgebiet von Jünkerath, biegen am Wegende rechts auf die **Glaadter Straße** ein, fahren über die Kyll und erreichen die **Glaadter Hütte.** Nach der Einkehr fahren wir auf derselben Strecke zum Bahnhof zurück.

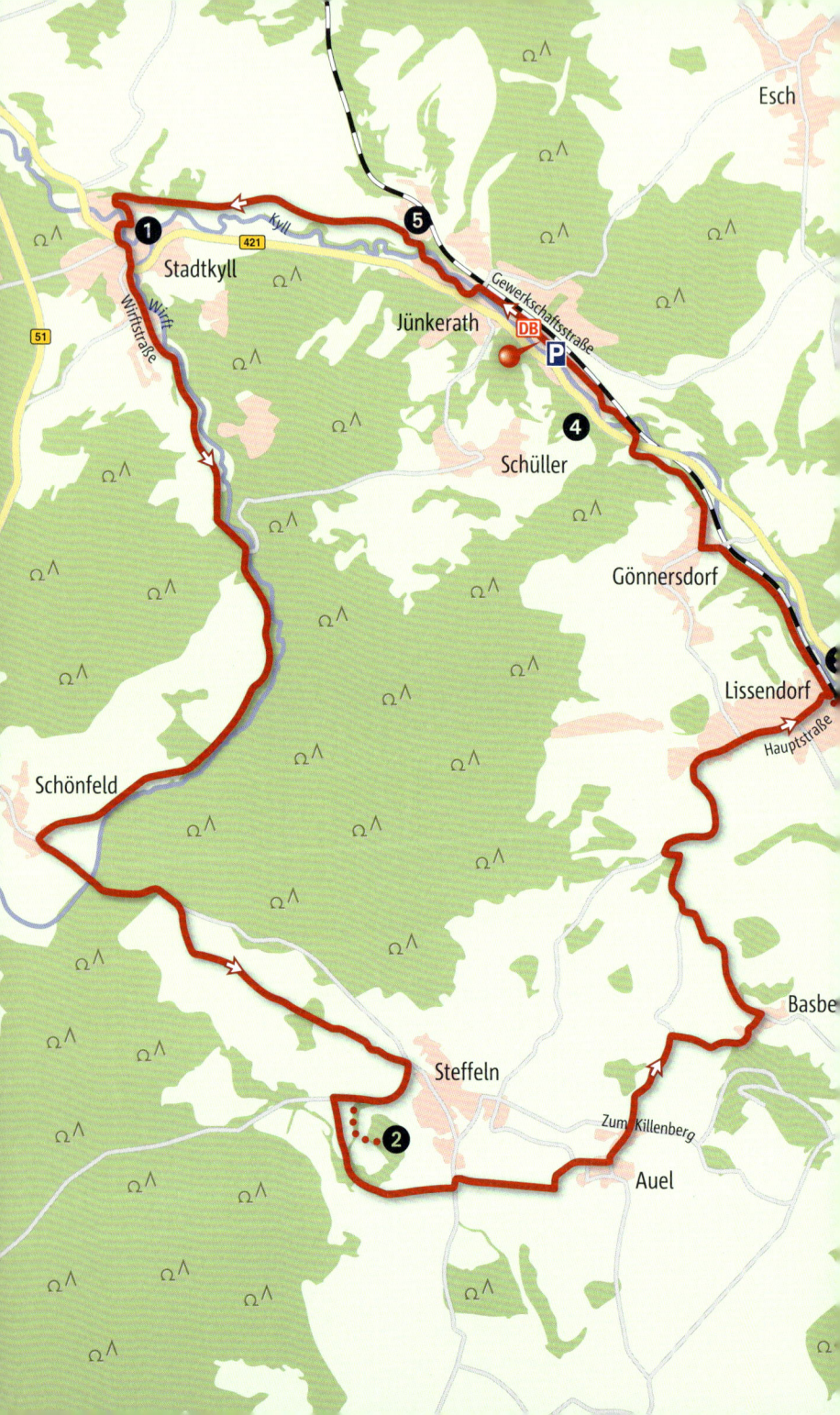

Alles auf einen Blick

Entspannung ✸✸✶✶✶
Genuss ✸✸✸✸✶
Romantik ✸✸✶✶✶

WIE & WANN:
Meist asphaltierte Strecken, Feld- und Waldwege im Wirfttal sowie am Vulkangarten Steffeln; beste Radelzeit Mai bis Oktober; ideal für Genussradler; für Gelegenheitsradler empfiehlt sich ein E-Bike

HIN & WEG:
Start/Ziel: Bf Jünkerath (GPS: 50.202160, 6.345755)
Auto: Parkplatz am Bf Jünkerath
ÖPNV: RE 12, RE/RB 22 (Eifel-Express) aus Richtung Köln bzw. Trier
Anschlusstour: Tour 6 von Jünkerath nach Monschau

ESSEN & ENTSPANNEN:
Birgeler Mühle (Wirtshaus Zum Sägewerk) ❸ siehe auch Entdecken & Erleben (Mo., Do.–Sa. 11–22, So. 11–20.30 Uhr)
Glaadter Hütte ❺ Glaadter Straße 17, 54584 Jünkerath, Tel. (0 65 97) 6 73 04 03, www.glaadterhuette.de

ENTDECKEN & ERLEBEN:
Pfarrkirche St. Josef ❶ Kirchstraße 1, 54589 Stadtkyll
Vulkangarten am Steffelnkopf ❷ 54597 Steffeln, www.geopark-vulkaneifel.de
Historische Wassermühle Birgel ❸ Mühlenstraße 1, 54587 Birgel, Tel. (0 65 97) 9 28 20, www.muehle-birgel.de (Mo.–Mi. 17.30–22, Do.–Sa. 11–22, So. 11–20.30 Uhr)
Eisenmuseum ❹ Römerwall 12, 54584 Jünkerath, Tel. (0 65 97) 14 82, www.gerolsteiner-land.de (Di.–Fr., So. 11–20.30 Uhr)
Eisenbahnmuseum ❹ Römerwall 12, 54584 Jünkerath, Tel. (0 69 57) 24 40, www.eisenbahnmuseum-juenkerath.de (Mi., Do. 14–16.30 Uhr)

Panoramatour 3

Farbenfrohe Natur
Erlebnistour durch das Hohe Venn

Diese Rundtour bietet sich bei einem Aufenthalt in Monschau an. Über die **Laufenstraße** geht es zunächst aus dem Tal der Rur bergan, dabei passieren wir die **Historische Senfmühle** (siehe auch Tour 7). Am Kreisel folgen wir der Wegweisung links und in Serpentinen auf der **L 214** weiter bergan (Vorsicht: kein Radweg!) bis zur Kreuzung der Vennbahntrasse (Knotenpunkt-Nr. 27), auf die wir rechts einbiegen. Bei der Tour 6 wird uns die recht wechselvolle Geschichte dieser Bahnlinie abermals begleiten, die nach dem vergangenen Weltkrieg unter belgische Verwaltung gestellt wurde. Heute ist die Vennbahntrasse Teil des wallonischen RAVeL-Radfernwegenetzes. Wir genießen die kommenden Kilometer mit tollen Ausblicken neben der Trasse auf die Monschauer Heckenlandschaft. Statt Weidezäune bilden Hecken die Begrenzung, sie dienen gleichzeitig als Wind- bzw. Erosionsschutz und bieten Insekten sowie anderen Tieren Rückzugsräume.

In Höhe des früheren Haltepunktes **Entenpfuhl** gelangen wir an eine größere Kreuzung des regionalen Radwegenetzes; ab hier verlassen wir die komfortable Vennbahntrasse und biegen links in Richtung Hohes Venn ein. Nun ist es zunächst vorbei mit der freien Sicht in die Umgebung, stattdessen empfängt uns zunächst dichter Wald. Der Name Entenpfuhl geht auf die Benennung einer typischen Landschaftsform der hiesigen Hochmoorlandschaft zurück. In dem durch Dränwasser gefüllten Löschteich wurden früher Wildenten beobachtet, die sich an diesem Teich

Das Hohe Venn ist das älteste und mit 4500 Hektar auch das größte Naturschutzgebiet Belgiens. Bedingt durch seine hohe Lage sowie durch die vom Atlantik durchziehenden und sich hier abregnenden Wolken konnte sich eine einzigartige Moorlandschaft ausbilden. Seltene Pflanzenarten sind hier angesiedelt, gleichzeitig dient es geschützten Tierarten als Refugium.

Panoramatour 3

Der nördliche Teil des Brackvenns ist zum Teil stark ausgetrocknet und teilweise bewaldet. Ursprünglich waren große Teile des Hohen Venns ausschließlich mit Torfmoosen bedeckt. Außer kleinwüchsigen Kiefern sieht man hier keine weiteren Bäume. Dem Hochmoor, das wie ein natürlicher Wasserspeicher wirkt, entspringen einige Eifelflüsse wie die Rur oder die Warche.

(Pfuhl) ansiedelten. Wir bleiben auf dem asphaltierten Waldweg, fahren an der kommenden Verzweigung halb rechts weiter (Tafel-Wegweiser, Nr. 51), passieren den ersten Rastplatz (Waldsofa incl. Familienwald) und kommen an eine Abzweigung mit dem Hinweis „Steinley".

Welch ein Kontrast, der sich nun bietet! Aus dem dichten Wald gelangen wir auf eine Freifläche, den **Brackvenn.** Das Wort „Brack" ist von „Wrack" abgeleitet und bedeutet: nutzloses Gebiet, ohne die Möglichkeit, Landwirtschaft oder Vieh- bzw. Holzwirtschaft zu betreiben. Auf den dort aufgestellten Infotafeln des **Naturschutzgebiets Steinley** ❶ erfahren wir den Grund: Die Abtorfungen haben zusammen mit Trockenlegungen durch Grabenziehungen in weiten Teilen des Hohen Venns zu gravierenden Vegetationsveränderungen geführt. Die ehemaligen Hochmoore verwan-

Waldsofa im Brackvenn

Erlebnistour durch das Hohe Venn

 Für die Seele

Radeln im Hohen Venn – eine einzigartige Hochmoorlandschaft vom Sattel aus genießen.

delten sich in großflächige Pfeifengrasheiden. Ihr Anblick verändert sich mit den Jahreszeiten. Im Herbst leuchtet das Pfeifengras in unverwechselbarem Rostorange, im Winter und Frühjahr bestimmt sein blasses Gelb die Farbe der Landschaft. Die Moose leuchten im Frühjahr grün, im Sommer braun und im Spätherbst rot. Eingerahmt wird die Atmosphäre von knorrigen Birken, rundlichen Buschgruppen von Weiden und ausladenden Ebereschen, welche dem Moorgebiet bizarre Silhouetten verleihen.

Eine Besonderheit der Eifel und des Hohen Venns ist das Vorkommen von Palsen bzw. Pingos. Hierbei handelt es sich um kreisrunde oder längliche Vertiefungen, welche durch das Auftauen von Eislinsen entstanden sind. In der Verwitterungsrinde sammelten sich in der letzten Kaltzeit Eiskristalle an, die allmählich zu großen Eislinsen heranwuchsen. Die Erde über den Linsen wölbte sich immer weiter auf, sodass über jeder Linse ein Erdhügel zu finden war. Ähnliche Phänomene finden sich heute in den Polarkreisgebieten oder in den Alpen. Ebenfalls gut zu erkennen sind die für die Moorlandschaft typischen Bulten und Schlenken: Moosklumpen als kleine Erhebung, die Bulten sowie die dazwischenliegenden Wasserbereiche, die Schlenken.

Nach diesen ersten Eindrücken begeben wir uns wieder auf den **Bleesweg,** der uns nun bergab durch den bewaldeten Teil des Hohen Venns führt. Am Abzweig Brachkopf fahren wir in Fahrtrichtung geradeaus weiter, erst in Höhe der **Rennerthött** folgen wir an

Panoramatour 3

der Kreuzung dem Linksknick des Hauptweges, nun wieder bergan und später mit freiem Blick auf das Venn. Wie schon zuvor sieht man auch auf diesem Abschnitt einige Pilgerkreuze; wir sind auf dem **Pilgerweg.** Beim Anblick der Moorlandschaft denkt man unwillkürlich an die Ballade „Der Knabe im Moor" der westfälischen Dichterin Annette von Droste-Hülshoff. „O schaurig ist's übers Moor zu gehen", heißt es dort in der ersten Strophe. In der Tat bedarf es nicht viel Fantasie, um sich Geister und andere Spukgestalten bei Nacht und Nebel in dieser einsamen Gegend auszumalen.

Ganz real ist dann unsere Ankunft an einer wieder etwas belebten Wegekreuzung mitten im Hohen Venn: An dem von Wanderern und Radfahrern frequentierten Rastplatz in Höhe der **Stegling-Hütte** orientieren wir uns nach rechts entlang des **Konzener Weges.**

Naturschutzgebiet Brackvenn (Nahtsief)

Erlebnistour durch das Hohe Venn

Biergarten von Haus Ternell

In Höhe des Wegweisers mit der Nr. 53 lohnt nochmals eine kurze Rast, um sich auf einem kleinen Rundweg die Moorlandschaft des **Naturschutzgebiets Brackvenn** ❷ bei Nahtsief anzusehen, bevor es rechts auf dem Nahtsiefweg weitergeht, nun wieder bergab in das Tal des Getzbachs. Wir erreichen erneut einen bewaldeten Teil des Venns, halten uns am Abzweig in Höhe der Getzbachfurt links, bevor es ab der kommenden Gabelung (Nr. 54) wieder links weitergeht, nun bergan. Am Scheitelpunkt in Höhe des St. Expedit-Kreuzes umfahren wir eine Schranke und erreichen kurze Zeit später die **Monschauer Straße (N 67).** Auf der gegenüberliegenden Straßenseite befindet sich im alten Forsthaus das **Venn- und Waldmuseum Haus Ternell** ❸, in dem es weiterführende Infos zur Region gibt. Außerdem bietet sich das angegliederte **Brasserie-Restaurant Forsthaus Ternell** ❸ für eine Einkehr an.

Hecken in Ruitzhof

Erlebnistour durch das Hohe Venn

Vom Parkplatz aus fahren wir links wenige Meter auf der **N 67** entlang, biegen hinter dem Haus Ternell links ab und folgen den diversen Weghinweisen, verlassen jedoch an der kommenden Gabelung entgegen der Wegweisung die Route links. Aus den bisherigen Fichtenplantagen wird nun allmählich ein Mischwald, und die Strecke wird merklich steiler. Nach einer Weile erreichen wir eine Lichtung, es handelt sich um eine Wüstung. **Hattlich** gehörte zur Karolingerzeit dem damaligen Pfalzgrafen Wigerich, einem Enkelsohn Karls des Großen. Später ging es als Schenkung an das nahe gelegene Kloster Reichenstein. 1896 wurde unter preußischer Herrschaft ein Forsthaus errichtet, das bereits 1906 einem Feuer zum Opfer fiel. Einige Bänke rund um die heutige Jagdhütte laden zu einer Rast ein.

Nun bleiben wir mehr oder weniger auf der Höhe entlang des Hauptweges, später geht es serpentinenförmig bergab, an der kommenden Gabelung orientieren wir uns links dem Hinweis **Herzogenhügel** folgend. Danach heißt es wieder in die Pedale treten und an der kommenden Gabelung links in Richtung Küchelscheid weiterfahren. Die belgischen Wegweiser sind nicht immer gut erkennbar, aber eindeutig. In Hohe der Erhebung des **Pannensterzkopfes** folgen wir der Wegweisung links, in der Folge geht es erkennbar bergab und die Route schwenkt am Wegende rechts auf den Hauptwanderweg ein, der uns kurz danach um eine Schranke herum- und, nun wieder asphaltiert, aus dem Wald herausführt. Schwungvoll bergab passieren wir **Ruitzhof,** eine Exklave, also vom belgischen Hoheitsgebiet umgebene Siedlung, deren Wohngebäude mit den typischen, hoch aufragenden Windschutzhecken versehen sind.

Jenseits des Rurtals lassen sich die beiden Kirchtürme des Eifeldoms von Kalterherberg (St. Lambertus) ausmachen, bevor es weiter bergab in das zu Belgien gehörende **Küchelscheid** geht. Hier queren wir die Trasse des Vennbahnradwegs (siehe Tour 6) und orientieren uns an der Wegweisung in Richtung Mon-

Panoramatour 3

Erbaut wurde die Norbertuskapelle aus Bruchstein im Jahre 1926 zum Gedenken an den heiligen Norbertus, den Gründer des Prämonstratenserordens. Die als Oktogon errichtete Kapelle bildet mit ihrem markanten Rundbogenportal, geschweiftem Dach und Zwiebelhaube inmitten dieser naturnahen Landschaft einen optischen Kontrapunkt. Zwei Treppenaufgänge führen direkt zum Innenraum.

schau, die uns durch das Obere Rurtal führt. Hierzu folgen wir der Route halb links weg von der **Bahnhofstraße,** biegen am Wanderparkplatz (Knotenpunkt-Nr. 39) links in Richtung **Gut Reichenstein** ab und fahren später auf einem Waldweg weiter. Wenig später können wir einen Blick auf das Viadukt parallel zur Vennbahntrasse werfen, bevor wir in Höhe der **Norbertuskapelle** ❹ die dortige Landstraße L 106 überqueren und in der Folge immer bergab durch das **Naturschutzgebiet Oberes Rurtal** ❺ rollen.

Das **Rurtal** ist in diesem Abschnitt tief ins Gebirge eingeschnitten; an einigen Stellen tritt Schieferstein zutage und verleiht dem Tal zusammen mit den Nadelbäumen einen regelrecht alpinen Charakter. Vor allem nach längeren Regenphasen begleitet uns ein lautes Tosen, das uns an einen Wildbach erinnert. Auf unserem weiteren Weg wird das Tal immer tiefer und die Rur schlängelt sich durch mächtige Felsbrocken. Dieses Naturschutzgebiet ist heute Teil des Nationalparks Eifel (siehe Tour 1). Am Wegende (Knotenpunkt-Nr. 32) biegen wir links auf dem linken Radweg neben der **B 258 Monschauer Straße** ein, wechseln später die Straßenseite, verlassen an der kommenden Gabelung den Radweg rechts und fahren über die **St. Vither Straße** in die Altstadt von **Monschau** hinein. Nach dieser Tour haben wir uns eine Stärkung in einem der zahlreichen Gasthäuser verdient. Das idyllische Städtchen **Monschau** liegt in einem engen Talkessel der Rur. Geprägt wird das Ortsbild durch seine teilweise noch gut erhaltenen Fachwerk- und Bruchsteinbauten aus dem 18./19. Jahrhundert, etwa 300 dieser Gebäude stehen heute unter Denkmalschutz. Hier herrscht viel Tagestourismus, mit dem Fahrrad kommt man jedoch, wenn auch langsam und stets bremsbereit, durch die engen Gassen der **Altstadt** ❻ Monschaus mit der ehrwürdigen alten **Burg** ❻. In dieser Kulisse endet unsere Tour.

Im Sommer wird der Innenhof der Burg in Monschau zur stimmungsvollen Kulisse für das mittlerweile überregional bekannte Festival „Monschau Klassik". Hier können wir unsere Naturtour „ausklingen" lassen.

Im Naturschutzgebiet Oberes Rurtal

Fachwerkhäuser in Monschau

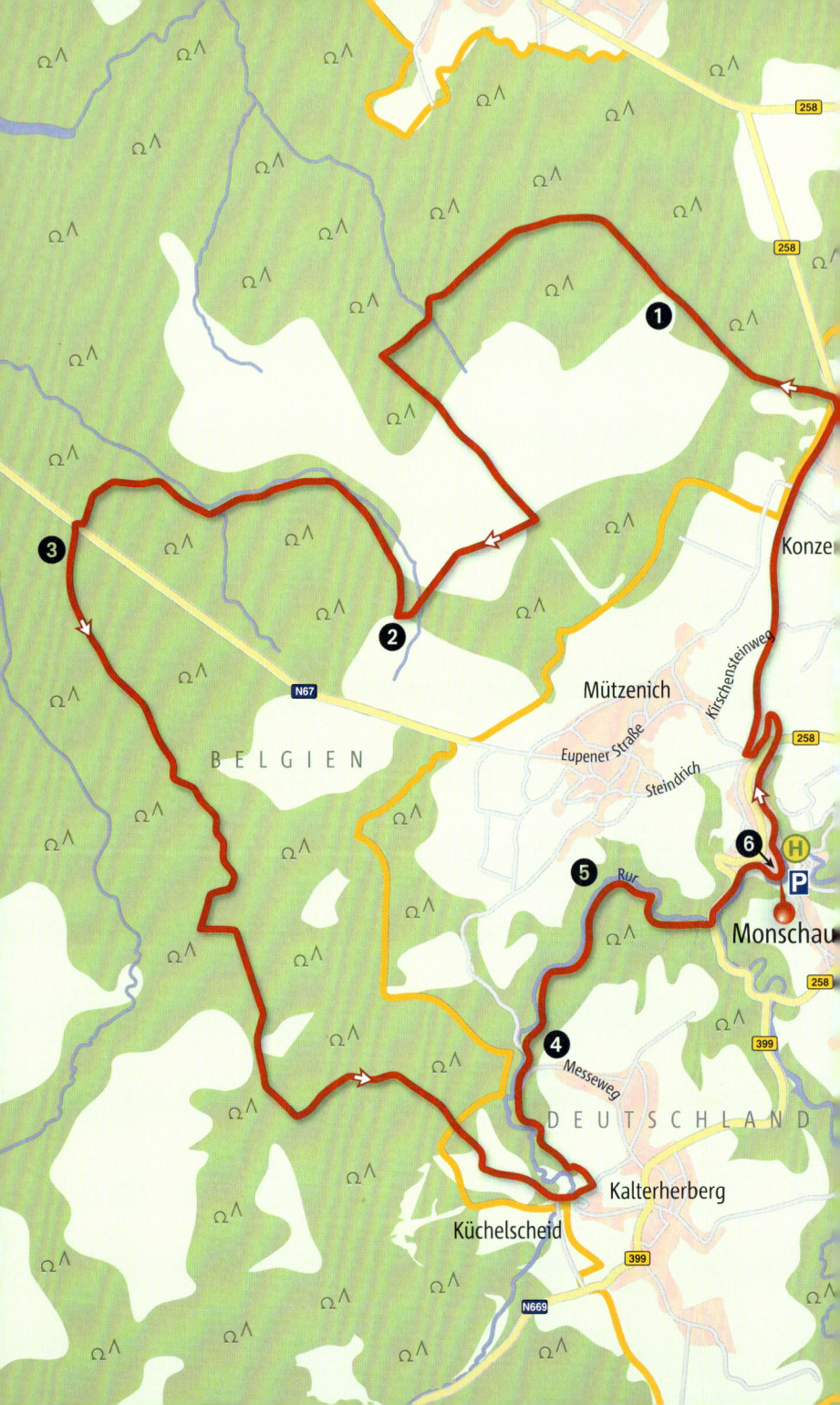

Alles auf einen Blick

Entspannung ✸✸✸✸✸
Genuss ✸✸✸✸✸
Romantik ✸✸✸✸✸

WIE & WANN:
Abwechselnd Asphalt und Waldwege; beste Radelzeit Mai bis Oktober;
eine Tour für geübte Fahrer; für Gelegenheitsradler empfiehlt sich ein E-Bike

HIN & WEG:
Start/Ziel: Monschau (Ortsmitte) (GPS: 50.331955, 6.142314)
Auto: Monschau, Parkhaus/Schmiede oder Monschau, Parkhaus Seidenfabrik (Laufenstraße)
ÖPNV: Fahrradbus Linie 66 von Aachen, Fahrradbus Linie 815 von Kall, Ausstieg Haltestelle Monschau, Haus Flora
Anschlusstouren: Diese Rundtour bietet sich als Tagesausflug in Kombination mit den Touren 6 (Jünkerath–Monschau) und 7 (Monschau–Aachen) bei Übernachtung in Monschau an

ESSEN & ENTSPANNEN:
Brasserie-Restaurant Forsthaus Ternell ❸ Monschauer Straße/Ternell 2/3, B-4700 Eupen, Tel. (00 32) 87 55 23 13, www.ternell.be (tägl. 10–17 Uhr)

ENTDECKEN & ERLEBEN:
Naturschutzgebiet Steinley ❶
Naturschutzgebiet Brackvenn, Höhe Nahtsief ❷
Venn- und Waldmuseum Haus Ternell ❸ Monschauer Straße/Ternell 2/3, B-4700 Eupen, Tel. (00 32) 87 55 23 13, www.ternell.be (tägl. 10–17 Uhr)
Norbertuskapelle ❹
Naturschutzgebiet Oberes Rurtal ❺
Altstadt Monschau mit Burg ❻ www.monschau.de

❋ 49 Kilometer (ohne Abstecher)
❋ 518 Höhenmeter
❋ 4-5 Stunden
❋ Streckentour

Burg Kreuzberg

Panoramatour 4

Einfach staunen
Auf Höhenwegen im Ahrgebirge

Bevor es vom Bahnhofsparkplatz mit den Fahrrädern auf Tour geht, lohnt ein Abstecher in das nahe gelegene **Naturzentrum Eifel** (siehe auch Tour 8). Hier kann man sich über die Naturschätze der Region umfassend informieren. Der Eifelort ist nicht zuletzt wegen seines bürgerschaftlichen Engagements im Natur- und Umweltschutz mehrmals ausgezeichnet worden.

Wir verlassen Nettersheim vom Bahnhof aus in östliche Richtung über die **Bahnhofstraße** leicht bergauf, an der Gabelung in Höhe der Kirche biegen wir rechts in die **Martinstraße** und fahren die kommenden Kilometer auf der autofreien Route durch das **Genfbachtal** sanft bergan. In den Frühsommerwochen können wir uns an der dortigen Wiesenaue an farbenfrohen Wiesenblumen und zum Teil seltenen, submediterranen Orchideen- bzw. Enzianarten erfreuen.

An der Weggabelung folgen wir der Wegweisung links und erreichen nach wenigen Metern die **Ahekapelle** ❶. Ruhebänke mit Blick auf die Kapelle und das unter Naturschutz stehende Wiesental laden zu einer kurzen Pause ein. Ursprünglich wurde das kleine Gotteshaus als Pfarrkirche auf römischen Fundamenten erbaut. Schon in römischer Zeit war das Gelände besiedelt, und im Spätmittelalter gab es mehrere Höfe, ein Wirtshaus, eine Mühle sowie Mühl- und Fischweiher. Als die Siedlung im 18. Jahrhundert aufgegeben wurde, blieb die dem heiligen Servatius geweihte Wallfahrtskapelle stehen. Ihr heutiger Name leitet sich vom „Ahebach" ab, die frühere Bezeichnung für den Genfbach.

Panoramatour 4

Unsere Route führt uns weiter, immer leicht bergan. Nach Unterquerung der Autobahn A 1 erreichen wir **Engelgau.** Der Kirchturm der Kirche St. Luzia stammt noch aus dem 15. Jahrhundert, der Rest des Gebäudes wurde ab den 1930er-Jahren neu errichtet. In der Zeit vom 16. bis 18. Jahrhundert durch mehrere durchziehende Truppen verwüstet und zerstört, wurde der Ort neu aufgebaut – er befand sich früher weiter östlich am **Himberg** (550 Meter ü. NN). Wer möchte, kann sich von dort einen ersten Rundumblick über das Ahrgebirge gönnen.

Sonst fahren wir weiter auf der Höhe des Radwegs, der deutlich von der Bundesstraße **B 477** abgesetzt verläuft. Von hier können wir die Aussicht beiderseits der Route auf die meist offene Landschaft mit ihren Wiesen, Einzelbäumen und Windrädern in aller Ruhe genießen. In **Tondorf** durchqueren wir den Ort, kreuzen vorsichtig die B 51 und fahren weiter geradeaus auf der **Spielstraße,** kreuzen an deren Ende die **Rohrer Straße** und fahren weiter in Fahrtrichtung geradeaus über die **Falkenberger Straße (K 79),** später vorbei am Sportplatz und

Ahekapelle im Genfbachtal

Auf Höhenwegen im Ahrgebirge

🌸 Für die Seele

Auf ruhigen Höhenwegen mit Ausblicken auf Vulkankuppen, Radioteleskope und Burgruinen – eine „Fernseh-Tour" zum Genießen.

dahinter durch den Wald. In den Sommermonaten können wir den intensiven Duft von Nadelbaumharz, aber auch von Waldbeeren wahrnehmen, denn viel Autoverkehr gibt es nicht auf diesem Abschnitt.

Am Ende der Kreisstraße biegen wir links ab auf die **K74,** die wir in Höhe der Bushaltestelle wieder rechts verlassen und uns auf der **K11** nach **Bröhlingen** hinunterrollen lassen, am Ortsende müssen wir links in die **Römerstraße** einbiegen, nun geht es auf einem Feldweg weiter auf einer alten Römerstraße. Hier lohnt es sich, an einer der Bänke anzuhalten und den Blick über die Umgebung schweifen zu lassen. So können wir direkt vor uns den markanten Basaltkegel des Arembergs ausmachen, und in der Ferne sehen wir die Nürburg sowie die Hohe Acht, die höchste Erhebung in der Eifel. Diese Aussicht wird uns später noch einige Male geboten werden, wenn auch aus einer anderen Perspektive. Zunächst führt unsere Route an einer Waldkreuzung nach Umfahrung einer Schranke rechts weiter, am Wegende geht es etwas steiler bergab. Wir erreichen einen großen Kreisel, der Name des dortigen Restaurants weist uns auf die Wasserscheide (zwischen Erft und Ahr) hin. Wir folgen dem Verlauf der **Römerstraße (L 113)** geradeaus in Richtung **Mahlberg,** an der Gabelung in Höhe **Reckerscheider Straße** müssen wir uns entscheiden, ob wir hier rechts auf die **K50** nach Reckerscheid einbiegen oder vorher noch einen kleinen Abstecher auf den **Michelsberg** machen, um von der Aussichtsplattform der Kapelle ein 360-Grad-Panorama zu genießen.

Für den Abstecher zum **Michelsberg** fahren wir an

Panoramatour 4

Die 588 Meter hohe Basaltkuppe des Michelsbergs nutzten schon die Römer als strategisch günstig gelegenen Aussichtspunkt. Später diente er den Franken als heidnische Kult- und Gerichtsstätte. Die erste Kapelle wurde wohl zu Anfang des 14. Jahrhunderts gebaut. Ihr Turm diente in französischer und preußischer Zeit als Vermessungspunkt 1. Ordnung (trigonometrischer Punkt).

Das Radioteleskop Effelsberg war bei seiner Inbetriebnahme 1972 das größte, frei bewegliche Radioteleskop der Welt. Noch heute ist es eines der modernsten Teleskope weltweit und dient vor allem der Beobachtung von Weltraumphänomenen wie Pulsaren, Gas- und Staubwolken, Entstehungsgebieten von Sternen, Schwarzen Löchern und den Kernen von fernen Galaxien.

der Einmündung der **K 50** weiter geradeaus, biegen dann rechts in den Engelsbergweg ein, fahren zunächst geradeaus weiter bergan, später rechts in Richtung Parkplatz, dort links, an der kommenden Verzweigung halb rechts, nun steil bergan bis zur **Kapelle St. Michael.**

Nach diesem lohnenswerten Panoramaabstecher lassen wir uns die gleiche Strecke hinunterrollen und biegen am Kreisel links in die **Reckerscheider Straße** ein. Nach wenigen Metern bergan werden wir auf den folgenden Kilometern immer wieder mit tollen Ausblicken entschädigt. Ein erstes Highlight stellt der Anblick des **Radioteleskops Effelsberg** ❷ links der Strecke dar. Dieses von Weitem wie ein überdimensionales Gitterohr aussehende Bauwerk ragt je nach Positionierung in waagrechter, senkrechter oder gekippter Form aus den umgebenden Wäldern hervor.

In der Folge geht es immer weiter auf der **K 50,** zunächst nach **Reckerscheid,** dann bergab nach **Soller,** von dort wieder ein kurzes Stück bergan nach **Hummerzheim;** hier knickt die Kreisstraße rechts ab und an der kommenden Verzweigung biegen wir links ein. Unmittelbar an der Kreuzung lohnt am dortigen Rastplatz ein weiterer Halt für einen Blick in die Umgebung, so sehen wir – diesmal allerdings von einer anderen Perspektive – wieder auf den Basaltkegel des Arembergs sowie weitere Erhebungen des Ahrgebirges.

Nach einer Weile weist uns ein Schild links zum **Gut Hospelt** hin, über eine schattige Allee erreichen wir den heute privat bewohnten Gutshof. Einige Bänke vor dem Anwesen laden zu einer Rast ein. Hier muss bereits Mitte des 9. Jahrhunderts ein erster regionaler Siedlungsschwerpunkt gewesen sein. Nahe des 1925 neu errichteten heutigen Gutshofes liegt eine alte Burganlage, die durch Ausheben eines Grabens und Aufwerfen von Wällen als Motte (mittelalterlicher Burgtyp) angelegt wurde. Die freistehende Kapelle wurde um 1700 gebaut und 1878 restauriert.

Zurück auf der Kreisstraße lassen wir uns bergab durch **Odesheim** rollen, über **Hünkrath** erreichen wir kur-

Radioteleskop Effelsberg

Schöner Blick auf die Nürburg

Auf Höhenwegen im Ahrgebirge

ze Zeit später **Rupperath.** Hier lohnt ein Abstecher zum bereits am Ortseingang angekündigten **Handwebmuseum ❸.** Im ehrenamtlich betriebenen Museum sind 6000 Jahre weltweite Kulturgeschichte des Spinnens und Webens ausgestellt. Über die **Schulstraße** bzw. den **Rupperather Ring** geht es zurück zur **K 50 Harscheider Weg,** auf dem wir nun, später leicht bergan, weiter nach **Harscheid** fahren, immer wieder belohnt mit fantastischen Aus- und Rundblicken in die nahe und ferne Umgebung der Ahrberge. Wir überqueren die unsichtbare Landesgrenze und erreichen den Landkreis Ahrweiler in Rheinland-Pfalz; die Kreisstraße heißt nun **K 25.** An der Gabelung am Ortseingang bleiben wir auf der Höhenstraße, ein Blick in das rechts unter uns liegende Ahrtal zeigt uns die Dächer von Schuld (siehe auch Tour 9). Sehr schön zu erkennen ist der Verlauf des oberen Ahrtales, das sich aus Richtung Norden kommend durch das Mittelgebirge einschneidet. Nun geht es wieder ein Stück durch den Wald, später dann bergab und vorbei durch offene Wiesen- und Weidenlandschaft nach **Sierscheid.** Hier macht die Kreisstraße einen Knick nach rechts und in der Folge können wir noch einmal einen vorläufig letzten Blick auf die Eifelberge richten, vor allem die markante Ruine der Nürburg ist gut zu erkennen. Pferde grasen auf der Koppel unter Apfel- und Birnenbäumen, wir sehen Milane über den frisch gemähten Hangweiden kreisen, bevor es einen letzten Bremsentest gibt. Denn kurze Zeit später geht es schwungvoll und in Serpentinen bergab ins Ahrtal, dabei ist vor einigen Haarnadelkurven rechtzeitiges Abbremsen vonnöten.

Unten angekommen macht die Straße einen Rechtsknick; hier mündet gleichzeitig der Ahr-Radweg in die Kreisstraße (siehe Tour 9). Am Ortseingang von **Insul** biegen wir links ab und folgen nun wieder auf einem autofreien asphaltierten Feldweg den grün-weißen Wegweisern durch die Gärten und die Ahraue. Links am Wegesrand passieren wir einen kleinen Was-

Panoramatour 4

serfall. Kurz danach sehen wir rechts der Ahr **Dümpelfeld,** hier führt unsere Route unter einer alten Bahnbrücke hindurch. Um in den Ort zu gelangen, muss man an der kommenden Gabelung den Wegweisern rechts über die alte Bruchsteinbrücke folgen, zum Beispiel für eine Einkehr im **Gasthaus Strohe** ❹ mit seiner Außenterrasse, welches mit regionaler Küche aufwartet. Ansonsten fahren wir weiter geradeaus auf dem Ahr-Radweg, ohne von Autos und Motorrädern gestört zu werden, dafür in Begleitung von Streuobstwiesen, Weiden und Pferdekoppeln bis nach **Liers.** Die kleine Ortschaft ist schnell durchfahren, und weiter geht es durch Schatten spendende Hangwälder zur Linken sowie den Auenbereich rechts der Strecke. In diesem Abschnitt tangieren wir einige Male den Fluss; Skulpturen aus Buntsandstein bilden das Alltagsleben sowie die Geschichte und wirtschaftliche Entwicklung der Region ab.

Kurze Zeit später passieren wir **Hönningen,** dessen rechts der Ahr liegender Hauptort auf eine fränkische Besiedlung (7. Jahrhundert) zurückgeht. Wir radeln entspannt weiter durch die sich nun aufweitende Wiesenaue, später vorbei an Apfelbäumen und Holundersträuchern und unterqueren kurz danach eine alte Bahnbrücke. In Höhe des Wendehammers folgen wir dem Verlauf der **Ahrstraße** mitten durch **Brück,** biegen vor Überquerung der Bruchsteinbrücke links ab und folgen der Wegweisung über die Ahr hinweg bis in Höhe des Bahnhofs Ahrbrück, dem Endpunkt der Ahrtalbahn. Von dort geht es weiter parallel zur Bahn bis zur nächsten Brücke, über diese queren wir links die Ahr. Vor uns sehen wir links der Strecke die **Wallfahrtskapelle Pützfeld** ❺**,** deren Ursprünge auf eine Pestzeit im 17. Jahrhundert zurückgehen, auf dem Felshang der **Biebelsley.** Nun geht es ein kurzes Steilstück bergan, dann rechts über die Bahnlinie hinweg und dahinter wieder bergab parallel zur Bahn bis **Kreuzberg.** Der im 9. Jahrhundert erstmals genannte Ort wird von der gleichnamigen, im 14. Jahrhundert errichteten Burg

Auf Höhenwegen im Ahrgebirge

Wallfahrtskapelle Pützfeld

überragt. Seit 1820 dient diese als einzige bewohnte Burganlage im Ahrtal der Familie von Boeselager, einem alten Magdeburger Adelsgeschlecht, als Wohnsitz, ist also für Besucher nicht zugänglich. Der Wegweisung folgend geht es später rechts auf einen schmalen Promenadenweg, hier müssen wir auf die zahlreichen Wanderer und Spaziergänger Rücksicht nehmen. Beim Passieren des Campingplatzes unterhalb des **Teufelslochs,** der sagenumwobenen Felsspitze oberhalb des Ahrtals, verläuft unsere Route weiter, später über eine Holzplankenbrücke, die auf den großen Parkplatz der ehemaligen Talstation des Sessellifts von **Altenahr** führt. Hier in der **Seilbahnstraße** ist die Auswahl an Einkehrmöglichkeiten groß, Liebhaber des Rebensafts kommen auf ihre Kosten, denn das Ahrtal ist eine der überregional bekannten Rotweinregionen. Nach wenigen Metern queren wir die **B 257** und erreichen den **Bahnhof Altenahr,** den Zielpunkt unserer Tour.

Alles auf einen Blick

Entspannung ✸✸✸✸✸
Genuss ✸✸✸✸✸
Romantik ✸✸✸✸✸

WIE & WANN:
Meist befestigte Straßen und Wege, ein Abschnitt auf Wald- und Feldwegen, längere Abfahrt von Sierscheid nach Insul; beste Radelzeit Mai bis Oktober; ideal für Genussradler; für Gelegenheitsradler empfiehlt sich ein E-Bike

HIN & WEG:
Start: Bf Nettersheim (GPS: 50.293172, 6.375037)
Auto: Parkplatz (P+R) am Bf Nettersheim
ÖPNV: RE/RB 22 (Eifel-Express) aus Richtung Köln bzw. Trier
Ziel: Bf Altenahr
Auto: Rückfahrt nach Nettersheim per ÖPNV nicht möglich
ÖPNV: RB 30 (Ahrtalbahn) Richtung Remagen–Bonn

ESSEN & ENTSPANNEN:
Gasthaus Strohe ❹ Hauptstraße 10, 53520 Dümpelfeld, Tel. (0 26 95) 93 10 93, www.gasthaus-strohe.com (Mo., Mi., Fr. ab 17, Sa. + So. ab 11 Uhr)

ENTDECKEN & ERLEBEN:
Naturschutzgebiet Genfbachtal mit Ahekapelle ❶
Radioteleskop Effelsberg ❷
Handwebmuseum ❸ Schulweg 7, 53902 Bad Münstereifel-Rupperath, Tel. (0 22 57) 8 31, www.handweb-museum.de (jeden 1. u. 3. So. im Monat 14–17, anschließender Mi. 14–17 Uhr)
Wallfahrtskapelle Pützfeld ❺

- 43 Kilometer (ohne Abstecher)
- 485 Höhenmeter
- 4-5 Stunden
- Streckentour

Fahrradtunnel bei Daun

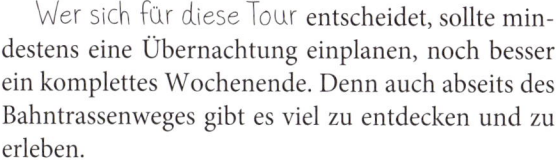

Augen der Eifel
Entlang des Maare-Mosel-Radwegs

Wer sich für diese Tour entscheidet, sollte mindestens eine Übernachtung einplanen, noch besser ein komplettes Wochenende. Denn auch abseits des Bahntrassenweges gibt es viel zu entdecken und zu erleben.

Unsere Vulkantour beginnt am ehemaligen **Bahnhof Daun,** hier verkehren nach dem Intermezzo der Eifelquerbahn heute leider keine Züge mehr. Nach einem Blick auf die Infotafel am Beginn des ausgeschilderten Maare-Mosel-Radwegs fahren wir los und erreichen bereits nach wenigen Metern das erste Highlight der Strecke. Wir fahren über das **Dauner Viadukt** ❶ und machen unseren ersten Panoramastopp. Sehr gut zu erkennen ist die alte Kirche auf dem einst befestigten Basaltberg, hier hatten sich schon die Kelten niedergelassen. Später haben Römer diesen Hügel oberhalb des Liesertals als Wachpunkt genutzt. Die Lieser, ein sehr bekannter Eifelfluss, wird uns im späteren Verlauf nochmals begegnen.

Wir fahren immer leicht aufwärts weiter, nun durch einen bewaldeten Abschnitt. Nach einer Weile sehen wir das **Große Schlitzohr,** so heißt der Tunnel, den wir anschließend durchfahren. Mit 560 Metern Länge ist er einer der längsten Tunnel, die per Fahrrad durchfahren werden können. Bei der Einfahrt am Nordportal – Achtung: mit rund 10 Grad Celsius ist es bei Tunneldurchfahrten auch an warmen Sommertagen recht frisch! – sieht man einen Holzverschlag im oberen Bereich der Tunnelröhre, dieser wurde speziell für Fledermäuse als Schlafstätte erstellt. Doch

Von 1909 bis 1988 verkehrten auf der Maare-Mosel-Bahn noch Züge, nach der Stilllegung des Bahnverkehrs wurden die Schienen entfernt und zwischen 1998 und 2000 der Maare-Mosel-Radweg eingerichtet. Er führt mitten durch den UNESCO Geopark Vulkaneifel bis zu den Rebenhängen im Moselland und zählt zu den bekanntesten und schönsten Bahntrassen-Radwegen in Deutschland.

Panoramatour 5

auch in der Mitte des Tunnels lassen sich einige dieser Flugakrobaten beim „Abhängen" beobachten. Aber keine Angst, diese Tiere schlafen dort tagsüber und sind für uns Menschen vollkommen ungefährlich.

Bei der Tunnelausfahrt am Südportal erreichen wir den höchsten Punkt der Tour (504 Meter ü. NN), ein Wegweiser weist auf das nächste Highlight hin.

Wer sich die Maare ansehen möchte, muss hier den Bahntrassenweg verlassen und rechts in Richtung Weinfelder Maar abbiegen. Es geht ein Stück steil bergauf bis zum Segelflugplatz, dort rechts, an der **K 15** links zur Kreuzung, wieder links auf der **L 64** bis zum Aussichtspunkt. Dort legen wir eine kurze Rast ein und machen Bekanntschaft mit den „Augen der Eifel", so nennt man die hiesigen Maare. Beide Maare entstanden vor über 10.000 Jahren infolge einer vulkanischen Dampfexplosion. Vor allem um das **Weinfelder Maar ❷**, auch Totenmaar genannt, ranken sich zahlreiche Sagen wie die des unglückseligen römischen Statthalters, der sich vom Pilatusfelsen hinabstürzte oder die Sage vom versunkenen Schloss der kaltherzigen Gräfin und der wundersamen Rettung

Schalkenmehrener Maar

Entlang des Maare-Mosel-Radwegs

Für die Seele

Auf einer alten Bahntrasse über Viadukte und durch Tunnel, vorbei an Maaren und Vulkanen zu den Weinhängen im Moselland – eine unvergessliche Traumtour.

ihres Kindes, welches auf einer schwimmenden Wiege auf dem See trieb. Das **Schalkenmehrener Maar** ❷ ist ein Doppelmaar, den westlichen Teil bildet ein See, während der östliche Teil ein Trockenmaar ist. An dieses Trockenmaar grenzt ein Flachmoor.

Zurück auf dem Bahntrassenradweg setzen wir dort unsere Fahrt fort, begleitet vom Alfbach, der sich durch die Talaue schlängelt. Nach wenigen Hundert Metern passieren wir den ehemaligen **Bahnhof Schalkenmehren.** Wie so oft lag auch dieser Bahnhof weit außerhalb der Ortschaft, diese befindet sich etwa 700 Meter weiter talwärts. Am heute privat genutzten Bahnhofsgebäude sehen wir Relikte der damaligen Maare-Mosel-Bahn, auch bei Fortsetzung unserer Fahrt erläutern uns zahlreiche Infotafeln die Bedeutung der einzelnen Eisenbahnschilder und -signale. Wir lassen uns die frische Eifeler Luft um die Nase wehen, den Blick über das weitläufige Tal schweifen und sehen kurze Zeit später einen Hinweis auf das **Natur- und Vogelschutzgebiet Sangweiher.** Eine Infotafel am Wegesrand weist uns auf die naturräumlichen Besonderheiten des früheren Maares hin.

Weiter geht es unter der Autobahn **A 1** hindurch, vorbei am ehemaligen Haltepunkt **Udler-Saxler** und vorbei an einem wie erstarrt wirkenden Vorsignal, das uns „Langsamfahrt" anzeigt. Nach der Linkskurve ist es nicht mehr weit bis zu unserem nächsten Zwischenstopp; vorbei am einstigen Bahnhof von **Gillenfeld** laden im Ort zahlreiche Einkehrmöglichkeiten zu einer ersten Stärkung ein, so zum Beispiel das **Eifeler**

Panoramatour 5

Eine Geschmacksexplosion sind die diversen Ziegenkäsearten in der Vulkanhof-Ziegenkäserei in Gillenfeld. Neben jungen, mittelalten und alten Käsesorten sowie einigen Ziegenwursterzeugnissen ist das Eifeleis aus Ziegenmilch und selbst gemachtem Ziegenjoghurt neu im Angebot. Unbedingt ausprobieren!

Scheunen-Café ❸, wo es neben leckeren, selbst gebackenen Kuchen auch diverse Flammkuchen gibt. Alternativ bietet sich ein Besuch in der **Vulkanhof Ziegenkäserei ❹** am östlichen Ortsende an; für Käseliebhaber und Feinschmecker ein kulinarisches Erlebnis.

Wer noch keinen großen Hunger verspürt, setzt seine Fahrt durch den Ort fort, biegt am Ende der **Bahnhofstraße** rechts auf die **Holzmaarstraße** ein, sofort wieder links **In der Lunn** und erreicht hinter dem Biergarten am Ortsende eine Weggabelung. Hier müssen wir uns entscheiden, ob wir rechts auf dem Hauptweg weiter wollen oder geradeaus einen Abstecher nach Strohn machen.

Bei der Weiterfahrt geradeaus orientieren wir uns an den Wegweisern und erreichen vorbei an der Kirche die Ortsmitte von **Strohn.** In Höhe des **Vulkanhauses Strohn ❺** geht es links über die Brücke, dahinter rechts und weiter zur **Lavabombe ❻**. Sehr anschaulich erläutert, unter anderem mit einem simulierten Beben sowie vulkanischen Schwefelgerüchen, wird die Geschichte des Vulkanismus im gleichnamigen Haus mitten im Ort. Dieses Museum ist ein Muss; für den Besuch bitte entsprechend Zeit einplanen. Über die gleiche Strecke fahren wir zurück in Richtung Gillenfeld, dabei genießen wir den Blick auf die Alfbacher Talaue und erkennen die Kirchturmspitze von St. Andreas in Gillenfeld; an der Weggabelung kurz vor dem Ort biegen wir links (von Gillenfeld kommend rechts) auf den Hauptweg ein. Wir müssen ein kurzes Stück auf dem Bahntrassenweg hinauffahren, nach einigen Hundert Metern weist uns ein Wegweiser auf das rechts der Strecke liegende **Holzmaar ❼** hin. Auch dieses Maar lohnt einen kurzen Abstecher, von der Hauptroute etwa 300 Meter entfernt und gut ausgeschildert.

Die Strohner Lavabombe ist eine geologische Besonderheit. Als zunächst kleine Kugel rollte sie immer wieder in den Vulkanschlot zurück, vergrößerte sich und blieb im Vulkantrichter stecken, wo sie erstarrte. Diese 5 Meter dicke und über 120 Tonnen schwere Basaltkugel wurde im nahen Wart-gesberg gefunden und in den 1980er-Jahren an den heutigen Platz gebracht.

Zurück auf der Hauptroute lassen wir uns meist leicht bergab in Richtung Eckfeld rollen. Dabei müssen wir zunächst die Landstraße **L 16** queren, später am Ortsbeginn von **Eckfeld** die **L 64.** Nun haben wir wieder freie Sicht auf die Umgebung beiderseits des Bahn-

Lavabombe in Strohn

Holzmaar

Entlang des Maare-Mosel-Radwegs

trassenweges. Vorbei an Streuobstwiesen verläuft die Strecke in einer großen Linksschleife, wir passieren den ehemaligen **Bahnhof Pantenburg,** unter- und überqueren anschließend mehrmals die Autobahn **A 1** und umfahren kurz danach das Gewerbegebiet bei **Wallscheid** bzw. **Laufeld.** Hier ist der Verlauf der Bahntrasse unterbrochen, wir folgen den Wegweisern, die uns später wieder auf die Trasse zurückführen. In Höhe einer Straßenquerung sehen wir links der Strecke ein riesiges Solarfeld, mit 23 Hektar eine der landesweit größten Anlagen. Im Hintergrund runden die dortigen Windräder das Bild der zukünftigen regionalen Energieträger ab. Nach kurzer Zeit erreichen wir den ehemaligen **Bahnhof Hasborn,** heute ein privat genutztes Gebäude. Später unterqueren wir ein letztes Mal die Autobahn **A 1** und gleiten links von uns vorbei an **Greinerath** und rechts von uns an einem ehemaligen Steinbruch im Lambachtal. Etwas später müssen wir noch einmal kurz die Bahntrasse verlassen, um zum **Bahnhof Plein,** einem mittlerweile sehr schön restaurierten Gebäude, zu gelangen. Auch hier liegt der frühere Bahnhof abseits des weiter südlich zu sehenden Ortes. Wir machen am dortigen Rastplatz eine letzte Pause, bevor wir die bahntechnisch interessanteste Etappe genießen. Zunächst rollen wir durch den 585 Meter langen **Pleiner Tunnel** ❽, wie alle anderen Tunnel beleuchtet und bewohnt von Fledermäusen, anschließend gleiten wir über das **Pleiner Viadukt,** welches uns einen tollen Blick auf die bewaldeten Eifelschluchten ermöglicht, bei solch einer Aussicht ist Radfahren einfach Hochgenuss pur. Nun folgen kurz hintereinander zwei weitere Tunnel, danach müssen wir das baufällige **Grünewald-Viadukt** umfahren, zu kostspielig wäre dessen Sanierung geworden. Rechts von uns fließt unten im bewaldeten Eifeltal die Lieser, und nach kurzer Zeit sehen wir die ersten Weinhänge der Wittlicher Senke, Teil des Weinanbaugebiets Mosel. Vor allem im Herbst sind die in gelben und roten Farbtönen leuchtenden Weinhänge eine Augenweide.

Das etwa 40.000 Jahre alte, rund 6,8 Hektar große Holzmaar mit etwa 325 Metern Durchmesser liegt inmitten eines dichten Buchenwaldes. Der See hat eine Tiefe von rund 21 Meter. Die Ablagerungen auf dem Maarboden liefern Wissenschaftlern wichtige Informationen zur Erforschung des Klimas und der regionalen Siedlungsgeschichte.

Panoramatour 5

Flugs rollen wir weiter bergab nach **Wittlich,** hier lohnt wieder eine längere Pause. Schon weit vor unserer Zeitrechnung besiedelt, haben sich nicht zuletzt wegen des milden Klimas auch die Römer niedergelassen. Im 11. Jahrhundert wurde der Ort und dessen Weinanbau urkundlich erwähnt, und Anfang des 14. Jahrhunderts begann man eine Stadtmauer zu errichten. Am historischen Marktplatz, umrahmt von schönen Hausfassaden, fällt besonders das Alte Rathaus auf, in dem auch das **Georg-Meistermann-Museum** ❾ integriert ist. Meistermann war ein berühmter Glasmaler der Neuzeit, er entwarf und gestaltete zahlreiche Fenster und lehrte als Professor für bildende Künste in Karlsruhe.

Nach dem Besuch des Alten Markts fahren wir zurück zum Abzweig und folgen der Wegweisung durch die **Schlossstraße,** an der großen Kreuzung orientieren wir uns links hin zum Busbahnhof, wer möchte, kann hier die Tour abbrechen und sich mit

Weinlage bei Wittlich

Entlang des Maare-Mosel-Radwegs

dem Fahrradbus (Regioradler) zurück nach Daun bringen lassen. Gegenüber dem Busbahnhof geht es rechts über den Parkplatz weiter, wir überqueren die **Gerberstraße** und fahren geradeaus auf der alten Bahntrasse weiter, danach folgen wir den Wegweisern, später vorbei am Starenbachsee und weiter auf dem Radweg links der **B 50.** Um zum **Wittlicher Hauptbahnhof** zu gelangen, folgen wir kurz danach dem Wegweiser links in die **Bahnhofstraße** im Ortsteil **Wengerohr.** Ab hier besteht die Rückreisemöglichkeit mit der Bahn oder mit dem Fahrradbus (Regioradler) nach Daun zum dort abgestellten Auto.

Lohnenswert ist je nach Zeit, Lust und Laune eine Weiterfahrt auf dem Maare-Mosel-Radweg, wir folgen der Wegweisung und sehen kurz danach links von uns inmitten der Wittlicher Senke den **Neuerburger Kopf,** einen erloschenen Vulkankegel. Die Wittlicher Senke selbst wurde in den letzten Jahren permanent mit Gewerbegebieten und neuen Straßen erschlossen, daher geht es nicht immer auf direktem Weg weiter. Erst mit Überquerung der Lieser stoßen wir wieder auf den Verlauf der alten Bahntrasse, die uns nach Platten führt. Hier besteht die Möglichkeit, im **Winzerhofcafé Zum alten Bahnwärterhäuschen** ❿ bei einem Glas Wein(schorle) die Tour ausklingen zu lassen oder gar zu übernachten, und wer noch weiter entlang der Lieser fahren möchte, radelt weiter auf dem Bahntrassenradweg, vorbei an markanten Schieferfelsen, an denen sich Mauereidechsen sonnen, vorbei an brachliegenden Weinhängen und später mitten durch eine verwunschen wirkende Erlenaue.

So erreichen wir **Klosterhof Siebenborn** ⓫**,** ein historisches Weingut aus dem 12. Jahrhundert. Im heutigen Weingut wird Riesling aus biologischem Anbau von der Mosel verkauft. Auch hier kann man auf der Außenterrasse unmittelbar am Radweg pausieren oder stilvoll dinieren und übernachten – ein toller Ausklang nach dieser sehr erlebnisreichen Vulkantour.

Im unmittelbar an der Strecke gelegenen Winzerhofcafé Zum alten Bahnwärterhäuschen kommen Weinliebhaber auf ihre Kosten. Neben Riesling werden auch Grauburgunder, Pinot Noir und Rotling angeboten. Dazu kann man regionaltypische Gerichte verzehren. Und wer's gerne hochprozentiger mag, sollte einmal den Weinbergpfirsich-Brand ausprobieren. Prost!

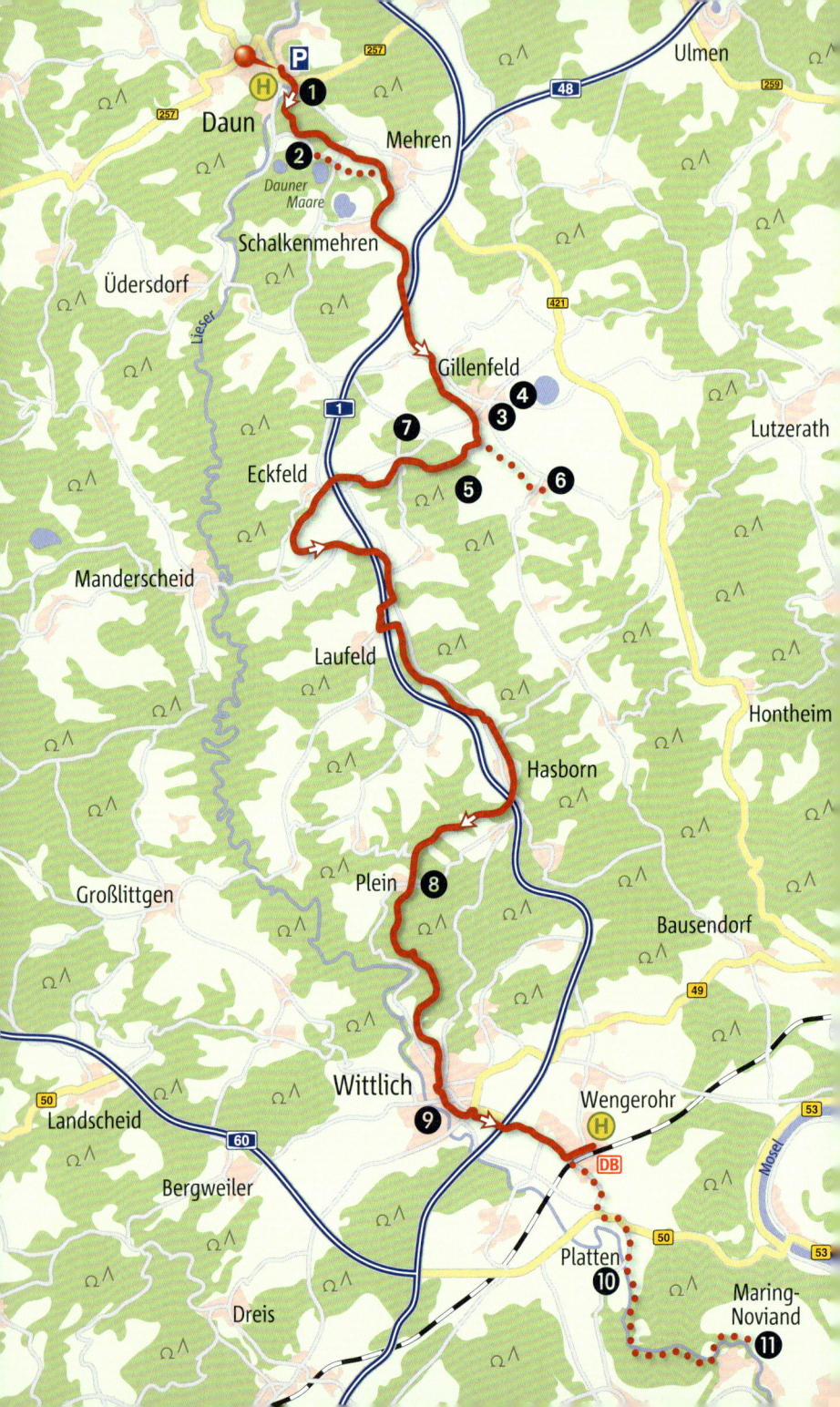

Alles auf einen Blick

Entspannung ✶✶✶✶✶
Genuss ✶✶✶✶✶
Romantik ✶✶✶✶✶

WIE & WANN:
Durchgehend asphaltierte Straßen und Wege; beste Radelzeit Mai bis Oktober;
ideal für Einsteiger, Kinder und Genussradler

HIN & WEG:
Start: Ehemaliger Bf Daun (GPS: 50.114774, 6.501512)
Auto: Parkplatz am Bf Daun (Einstieg Maare-Mosel-Radweg)
ÖPNV: RE 12, RE/RB 22 (Eifel-Express) bis Bf Gerolstein, ab dort Buslinie 500 mit Fahrradbeförderung
Ziel: Wittlich Hbf (Wengerohr)
Auto: Rückreise nach Daun mit RegioRadler (Buslinie 300 mit Fahrradanhänger)
ÖPNV: RE 1/RE 11 (SÜWEX), RB 81 (Moseltal-Bahn) Richtung Trier bzw. Koblenz
Besonderheit: Von Wittlich Busbahnhof und von Wittlich Hbf (Ortsteil Wengerohr) verkehrt
die Buslinie 300 „RegioRadler" mit Fahrradmitnahme (auch E-Bikes und Pedelecs) zurück nach Daun;
Reservierung erforderlich, www.regioradler.de, Tel. (0 18 05) 72 32 87

ESSEN & ENTSPANNEN:
Eifeler Scheunen-Café ❸ Holzmaarstraße 23, 54558 Gillenfeld, Tel. (0 65 73) 9 52 62 98,
www.eifeler-scheunencafe.de (Di.–Sa. 9–22, So. 10–18 Uhr, Mo. Ruhetag)
Vulkanhof Ziegenkäserei ❹ Vulkanstraße 29, 54558 Gillenfeld, Tel. (0 65 73) 91 48,
www.vulkanhof.de (Mo.–Sa. 10–17 Uhr, So. geschl.)
Winzerhofcafé Zum alten Bahnwärterhäuschen ❿ Bahnhofstraße 14, 54518 Platten,
Tel. (0 65 35) 8 07, www.weingut-goergen.com, tägl. ab 12 Uhr (Übernachtung möglich)
Klosterhof Siebenborn ⓫ Siebenborn 2, 54484 Maring-Noviand, Tel. (0 65 35) 70 37,
www.klostermuehle-siebenborn.de (Di. ab 17, Mi.–So. 11.30–21.30 Uhr)

ENTDECKEN & ERLEBEN:
Dauner Viadukt ❶ **Weinfelder Maar und Schalkenmehrener Maar** ❷
Vulkanhaus Strohn ❺ Hauptstraße 38, 54558 Strohn, Tel. (0 65 73) 95 37 21,
www.vulkanhaus-strohn.de (Di.–So. 10–17 Uhr, Mo. geschl.)
Lavabombe ❻ **Holzmaar** ❼ **Pleiner Tunnel** ❽
Georg-Meistermann-Museum ❾ Neustraße 2, 54516 Wittlich, Tel. (0 65 71) 14 66 20
(Di.–Fr. 10–12 + 14–17, Sa., So. 14–17 Uhr, Mo. geschl.)

- 34 oder 62 Kilometer
- 416 Höhenmeter
- 4 oder 7 Stunden
- Streckentour

Blick auf Kronenburg

Entschleunigungstour 6

Für diese längere Streckentour empfiehlt sich die Anreise mit der Bahn, da die Tour in das Hohe Venn und in die Nordeifel führt. Um einen unbeschwerten Genuss sowohl von der Strecke als auch von der Region Eifel und Hohes Venn zu bekommen, sollte man (ggf. in Kombination mit Tour 7 und/oder Tour 3) eine oder mehrere Übernachtungen einplanen.

Bei der Ankunft mit der Bahn in **Jünkerath** an der Kyll fällt uns das große Areal entlang des Bahnhofs auf. Eine Infotafel unmittelbar am Ausgang informiert uns über die sehr wechselvolle Geschichte der Vennquerbahn, deren Bau und Nutzung überwiegend von militärischen Überlegungen geleitet war. Ein Vorteil für uns ist, dass wir diese Premiumroute heute aus-

Grenzenlos schön
Hoch ins Venn

schließlich auf breiten, gut asphaltierten Wegen mit maximal 2 Prozent Steigung erfahren können.

Doch zunächst müssen wir die ersten knapp 2 Kilometer durch das Einkaufs- und Gewerbegebiet von Jünkerath zurücklegen, wir folgen hierbei dem Verlauf der grün-weißen Wegweiser des Radverkehrsnetzes Rheinland-Pfalz, bevor wir in Höhe des Ortsteils Glaadt die Kyll überqueren und kurz darauf den Bahnradweg erreichen. Diesen haben wir zunächst für uns allein, auch wenn wegen einiger fehlender Brücken die Route neben dem Bahnkörper verläuft und uns ein kurzer Anstieg nicht erspart bleibt. Nach einer Weile sehen wir linker Hand den nächsten Ort, **Stadtkyll.** Dessen Bahnhofsgebäude liegt unmittelbar an der

Entschleunigungstour 6

Strecke, und wird heute als privates Wohnhaus genutzt. Der Ort selbst liegt einige Hundert Meter weiter talwärts, wir können ihn auf Tour 2 näher kennenlernen. Ein Rastplatz, mittendrin mit einem Güterwaggon als Schutzhütte und umgeben von Sinnesliegen, lädt zu einer ersten Pause ein, auch hier informieren uns Tafeln über die Historie der Bahnstrecke.

Kurz danach führt uns der weitere Verlauf immer leicht bergan, jedoch mit minimalem Anstieg. So lassen sich die kommenden Kilometer bequem und stressfrei zurücklegen und wir können die Landschaft rechts und links des Radweges mit all unseren Sinnen genießen. Zunächst passieren wir den ehemaligen **Bahnhof Kronenburgerhütte,** rechts oberhalb der Kyll liegt der Burgort **Kronenburg.** Kurz danach erblicken wir den **Kronenburgersee,** hier herrscht an heißen Sommertagen reger Badebetrieb. Nun schraubt sich die Route allmählich in die Höhe, zunächst umschlei-

Blick auf Hallschlag

Hoch ins Venn

fen wir **Hallschlag** mit seiner markanten Kirche, in der Folge genießen wir die Landschaft rings um die ehemalige Bahnstrecke geprägt von zahlreichen Wiesen, Feldern und Windrädern. Zwischendurch laden viele Ruhebänke und Sinnesliegen zu einer Verschnaufpause ein – schönes Panorama jederzeit garantiert.

Auch der kommende Ort, **Losheim**, wird von der Bahnstrecke nicht unmittelbar tangiert. Um den Niveauausgleich zu bewältigen, wurde eine recht ausladende Schleife um den Ort herum angelegt. Fast gegenüber dem Bahnhofsgebäude liegt der **Ardenner Cultur Boulevard** ❶, eine Erlebniswelt mit mehreren Ausstellungen und Museen, unter anderem mit der **Krippania,** der größten Krippenausstellung Europas. Wer genügend Zeit mitbringt, folgt hier den Weg-

🌼 Für die Seele

Radeln wie auf Schienen – einfach abschalten, dahingleiten, Natur und Landschaft erleben und sich wohlfühlen.

weisern links des Bahnhofs entlang der **Prümer Straße**, hier liegt auch **Balters Landgasthof** ❶.

Weiter geht es entlang der Bahnstrecke, nun hinein über die grüne Grenze nach Belgien. Wir durchqueren das Gemeindegebiet **Losheimergraben,** benannt nach dem Grenzgebiet, das früher die deutsche Seite von der belgischen Seite durch einen Landgraben trennte. Der Charakter der Landschaft ändert sich, wir durchqueren nun einen Waldabschnitt und oberhalb unserer Strecke überbrücken Autostraßen die frühere Bahnlinie. Nach einer Weile sehen wir rechts der Strecke inmitten einer Waldwiese eine Herde Wasserbüffel, die in einem Tümpel Abkühlung suchen – tropisch anmutende Impressionen inmitten der Hocheifel.

> *Die 1912 eröffnete, zweigleisige Vennquerbahn zwischen Jünkerath und Weywertz (Belgien) war bis 1952 auf belgischer Seite und bis 1963 zwischen Losheim und Jünkerath in Betrieb. Sie wurde aus rein militärstrategischen Gründen gebaut. Ständige Grenzverschiebungen erschwerten später einen reibungslosen Bahnbetrieb. Heute rollen Fahrräder auf der einstigen Bahnstrecke.*

Entschleunigungstour 6

Die 1932 aus den Flüssen Warche und der kleineren Holzwarche aufgestaute, 125 Hektar große Talsperre Bütgenbach dient zum einen der Wasserstandsregulierung, zur Bereithaltung von bis zu 11 Millionen Kubikmeter Wasser für die regionalen Gerbereien und die Papierindustrie sowie seit den 1950er-Jahren als beliebte Bade- und Wassersportanlage.

In der Folge gleiten wir unbehelligt vom Autoverkehr weiter entlang des breiten, gut asphaltierten Radweges, vorbei an **Buchholz** und **Honsfeld,** auch deren Ortschaften liegen abseits der Strecke. Holzlager entlang der Strecke zeugen von der Bedeutung des Waldes. Mit **Büllingen** (Boulange) erreichen wir dagegen die erste größere Ortschaft nach Jünkerath, doch einen alten Bahnhof suchen wir vergeblich, dieser wurde mittlerweile abgerissen. Wer möchte, kann am Ortsbeginn links den Bahndamm verlassen und über die Ortsdurchfahrt bergan in den Hauptort hineinfahren, dort befindet sich die jüngst restaurierte **Kirche St. Egidius,** erbaut anno 1130.

Weiter geht es auf der komfortablen Bahntrasse, später vorbei an bunten Feldern und blühenden Wiesen, rechts des Weges liegt der Wald, durchflossen von der Warche. Diese staut sich nach einigen Kilometern zum See auf, durch die Bäume schimmert hie und da die Wasserfläche durch. Kurze Zeit später erreichen wir in Höhe des **Hotels du Lac** ❷ Bütgenbach.

Hier nach gut der Hälfte der Gesamtetappe müssen wir uns entscheiden, ob wir nach einer Pause weiterfahren oder die Rückfahrt nach Jünkerath antreten (was sich bei einer Anreise mit dem Auto empfiehlt). Eine weitere Möglichkeit wäre die Unterbrechung der Tour für eine Nacht, dann bietet sich ein Abstecher links die **Seestraße** hoch, anschließend halb rechts am Kreisel weiter zum **Marktplatz** von **Bütgenbach** an; die dortige renovierte Kirche **St. Stephanus** ❸ lohnt einen Besuch. Gegenüber der Kirche lädt zudem eine Bäckerei mit Naschwerk aus der Region zum Verweilen ein. Nach diesem Abstecher fahren wir die gleiche Strecke zurück zum Bahntrassenweg unmittelbar am Hotel du Lac.

Wen es weiterzieht, erreicht kurz hinter Bütgenbach eine Überführung. Die dortigen Hinweistafeln lohnen eine kurze Unterbrechung, hier wird nicht nur auf das **Bütgenbacher Viadukt** ❹, sondern als Station des Gedenkens auch auf die verheerenden Auswir-

Bütgenbacher Talsperre

Draisinenfahrt durch das Hohe Venn

Hoch ins Venn

kungen der beiden letzten Weltkriege, in denen diese Bahnlinie und diese Brücke eine entscheidende Rolle spielten, hingewiesen. Von hier oben hat man heute eine hervorragende Aussicht über die nähere Umgebung. Nach einer Weile erreichen wir den früheren **Bahnhof Weywertz,** seinerzeit ein Bahnknoten im einst preußischen, später belgischen Vennbahnnetz.

Hier am heutigen Rastplatz mit Infotafeln zur Vennbahntrasse biegen wir scharf rechts ab und fahren anschließend weiter auf der Trasse der ehemaligen Vennbahn (Ligne 48) nun in einem Linksbogen durch **Weywertz,** dabei einige Straßen querend. Vorbei am ehemaligen **Haltepunkt Nidrum** radeln wir wieder in die offene Landschaft hinaus, ein Steinbruch rechts des Weges weckt unsere Neugier. Wir erfahren, dass hier unter anderem für den einstigen Viadukt (1884–1940) das Gestein abgebaut und verwendet wurde. Mittlerweile durch einen Damm ersetzt, überqueren wir die tief unter uns kaum auszumachende Warche. Die für die Region typischen, teilweise gebäudehohen Hecken weisen uns auf die Besonderheit des Hohen Venns, welches wir nun erreichen, hin. Hier weht vor allem im Frühjahr und im Herbst ein sehr heftiger Wind, die hochgezogenen Hecken schützen somit die Gebäude und bieten in der offenen Landschaft vielen Tieren einen Rückzugsraum. Vorbei am einstigen **Haltepunkt Robertville** – der Ort selbst liegt knapp 2 Kilometer weiter westlich – queren wir vorsichtig einige Straßen, passieren ein altes Stellwerk mit einer ausrangierten Lok und gelangen zum ehemaligen **Bahnhof Sourbrodt,** mit 560 Metern über NN der höchstgelegene Punkt entlang der Vennbahnroute. Von der früheren Bedeutung des Bahnhofs – der Hauptort liegt ebenfalls etwa 2 Kilometer weiter westlich – zeugt die erkennbar große Fläche unmittelbar am restaurierten Bahnhofsgebäude.

An Wochenenden begleiten uns auf den folgenden Kilometern mitten durch die Hochmoorlandschaft des Hohen Venns (siehe auch Tour 3) Draisinen.

An den Wochentagen mit Draisinenverkehr gibt es im Küchelscheider Eisenbahnwaggon Kaffee und Kaltgetränke sowie kleine Snacks und vor allem belgische Waffeln – für die kurze Pause zwischendurch.

Entschleunigungstour 6

Nach einer Weile knickt die Route links der Trasse ab, der Naturschutz konnte bewirken, dass hier das besonders schreckhafte Braunkehlchen weiterhin brüten kann. Kurze Zeit später setzen wir unsere Fahrt auf der alten Bahntrasse fort. Wer hier im Frühling unterwegs ist, kann das Naturschauspiel der Narzissenblüte hautnah erleben. Vorbei an schroffen Felsen sowie begleitet vom Oberlauf der Rur und dem leuchtenden Eifelgold (Ginster) gelangen wir zum früheren **Bahnhof Kalterherberg.** Der dort unmittelbar am Bahndamm abgestellte alte Eisenbahnwaggon liegt auf belgischem Territorium im Ortsteil **Küchelscheid.**

Der Verlauf der gesamten Vennbahn liegt auf belgischem Territorium, während rechts und links der Strecke die Wälder, Wiesen und Ortschaften zur Städteregion Aachen gehören, so auch das **Kloster Reichenstein** ❺, rechts von uns auf einer Felsplatte oberhalb des Eifelflüsschens Rur gelegen und von dem Viadukt aus gut zu erkennen. Einst von den Prämonstratensern errichtet, dann im 16. Jahrhundert zerstört und im späten 17. Jahrhundert wiederhergestellt, führt heute eine französische Ordensgemeinschaft das Kloster nach den Regeln des Heiligen Benedikt fort.

Wir werfen nochmals einen Blick hinunter in das obere Rurtal, welches sich im Schutz dichter Hangwälder talabwärts zu unserem Zielort erstreckt. Auf der Tour 3 können wir diese Etappe näher kennenlernen. Bald darauf erreichen wir wieder die Fläche eines früheren Bahnhofsgeländes, den **Bahnhof Monschau.** Er liegt deutlich oberhalb des Hauptortes. Wir verlassen nun den Vennbahnradweg in Höhe des Unterstandes (Knotenpunkt Nr. 27) und fahren rechts über die **L 214** in Serpentinen bergab, am Kreisel wieder rechts und weiter bergab in die Ortsmitte von **Monschau.** Hier lohnt in jedem Fall ein Besuch im **Roten Haus Monschau** ❻ sowie – bei Übernachtung im Ort – zum Ausklang unserer erlebnisreichen Tour eine Einkehr im **Restaurant Alte Herrlichkeit** ❼, wo einen sowohl regionale als auch gehobene Küche erwarten.

Sehenswert ist das Rote Haus, eines der schönsten Beispiele großbürgerlicher Bauweise des 18. Jahrhunderts. Einst Wohnhaus, Kontor und Fabrikationsstätte des weltberühmten Tuchmachers Johann Heinrich Scheibler ist dieses prachtvolle Patrizierhaus heute ein Museum. In Details ist die Originalausstattung erhalten und zeigt, wie die Leute vor 250 Jahren gelebt haben.

Altstadt in Monschau

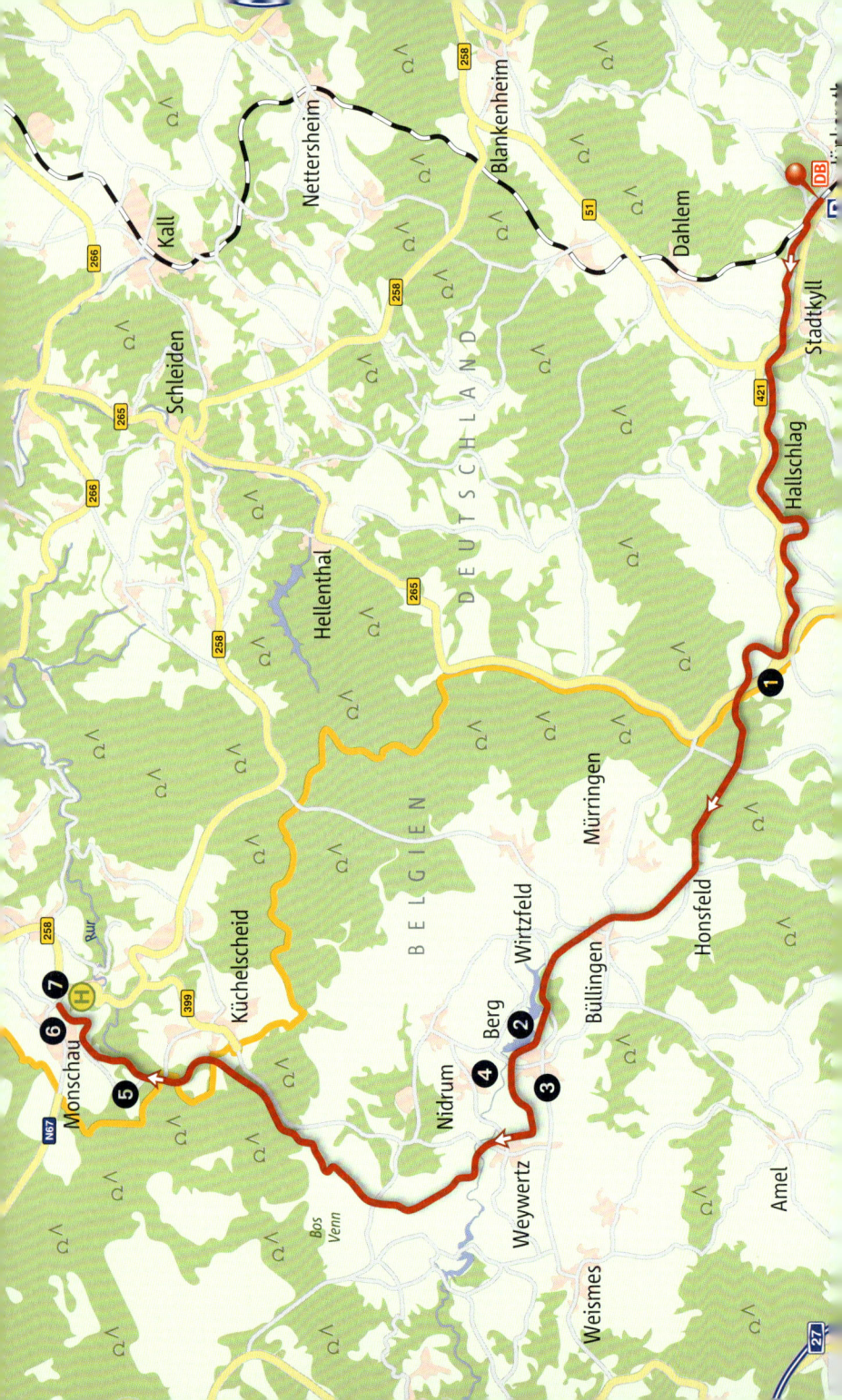

Alles auf einen Blick

WIE & WANN:
Durchgehend asphaltiert; beste Radelzeit Mai bis Oktober; ideal für Einsteiger, Kinder und Genussradler; ein E-Bike wird empfohlen bei Abstechern jenseits der Bahntrasse

HIN & WEG:
Start: Bf Jünkerath (GPS: 50.202160, 6.345755)
Auto: Parkplatz am Bf Jünkerath
ÖPNV: RE 12, RE/RB 22 (Eifel-Express) aus Richtung Köln bzw. Trier
Ziel: Monschau
Auto: Evtl. Rückfahrt ab Bütgenbach nach Jünkerath
ÖPNV: Mit dem Fahrradbus Linie 815 nach Kall bzw. Linie 66 nach Aachen
Anschlusstouren: Tour 7 von Monschau nach Aachen, Tour 3 Rundtour durch das Hohe Venn
Besonderheit: Die Tour lässt sich nach rund 34 Kilometern in Bütgenbach (B) für eine Übernachtung unterbrechen

Entspannung ★★★★★
Genuss ★★★★★
Romantik ★★★★★

ESSEN & ENTSPANNEN:
Balters Landgasthof ❶ Prümer Straße 55, 53940 Losheim, Tel. (0 65 57) 92 06 10, www.balters-landgasthof.de (11.00–14.30 sowie 17.30–20.00 Uhr, Mo. Ruhetag)
Hotel du Lac ❷ Seestraße 53, B-4750 Bütgenbach, Tel. (0 32) 80 44 64 13, www.hoteldulac.be (kein Ruhetag) (zum Übernachten; liegt unmittelbar an der Route)
Restaurant Alte Herrlichkeit ❼ Stadtstraße 7, 52156 Monschau, Tel. (0 24 72) 22 84, www.alte-herrlichkeit-monschau.de

ENTDECKEN & ERLEBEN:
Ardenner Cultur Boulevard ❶ Prümer Straße 55, 53940 Losheim, Tel. (0 65 57) 92 06 30 oder 92 06 40, www.a-c-b.eu
St. Stephanus ❸ Marktplatz 8, B-4750 Bütgenbach **Bütgenbacher Viadukt** ❹ B-4750 Bütgenbach
Kloster Reichenstein ❺ 52156 Monschau, Führung und Besichtigung Tel. (0 24 72) 8 02 50 30, www.kloster-reichenstein.de
Rotes Haus Monschau ❻ Laufenstraße 10, 52156 Monschau, Tel. (0 24 72) 50 71, www.monschau.de

Entschleunigungstour 7

Wenn wir im Ort übernachtet haben oder dort mit dem Bus angekommen sind, lohnt nach einem Bummel durch die Gassen von **Monschau** und der anschließenden innerörtlichen Bergetappe entlang der **Laufenstraße** ein Besuch der dortigen **Historischen Senfmühle** ❶. Wer etwas Zeit übrig hat, kann sich einer Führung durch die Produktionsstätten der Mühle anschließen oder sich mit dem überregional bekannten Monschauer Senf und anderen regionalen Spezialitäten eindecken, danach geht es weiter bergan bis zum Kreisel, dort folgen wir der Wegweisung links und in Serpentinen auf der **L 214** weiter bergan (Vorsicht: kein Radweg!) bis zur Kreuzung der Vennbahntrasse (Knotenpunkt-Nr. 27), auf die wir rechts einbiegen.

Wie im Gleitflug
Auf der Vennbahntrasse

Links am ehemaligen **Bahnhof Monschau** erinnern uns einige umfunktionierte Relikte wie der als Unterstand umgestaltete Waggon sowie die Fachwerkarchitektur des alten Bahnhofs an die Zeiten, als es noch Bahnbetrieb gab. Bereits auf der Tour 6 begleitete uns die recht wechselvolle Geschichte dieser Bahnlinie, die nach dem vergangenen Weltkrieg unter belgische Verwaltung gestellt wurde. Doch diese Bahnstrecke ereilte das gleiche Schicksal wie viele andere Nebenbahnlinien auch: Mit verstärktem Aufkommen des Straßenverkehrs seit den 1950er-Jahren verlor die Bahn rapide an Bedeutung und wurde 1989 stillgelegt. Bis 2001 gelang es noch, während der Sommermonate in privater Regie Museumsfahrten

Entschleunigungstour 7

Die 1889 eröffnete Vennbahn zwischen Aachen und Luxemburg diente in erster Linie dem Kohletransport in Richtung Luxemburg und in Gegenrichtung von Eisenerz nach Aachen bzw. Eschweiler. Außerdem erschloss die Strecke die strukturschwache Region der Westeifel und des Hohen Venns, da sie Auspendlern ermöglichte, zu den Arbeitsplätzen in der Region Aachen zu kommen.

zu organisieren, doch für eine notwendige Sanierung der Bahntrasse fehlten später die erforderlichen Mittel. Dafür ist die wunderbare Vennbahntrasse seit 2013 durchgehend Teil des belgischen RAVeL-Radfernwegenetzes (siehe auch Tour 6). Diesem Umstand verdanken wir als Radtouristen heute die komfortable, gut ausgebaute Streckenführung mit nur minimalen Steigungs- und Gefälleabschnitten, sodass ein Fahrradgenuss besonderer Art garantiert ist: Man hat die Strecke meist für sich, ohne Autoverkehr, nur mit einigen Inline-Skatern und mit sehr wenig Wanderern.

Unterwegs kreuzen einige wenige Straßen unsere Strecke, dafür laden viele Ruhebänke entlang der Strecke zu einer kurzen Rast ein. Denn das Panorama ist

Historische Senfmühle Monschau

Auf der Vennbahntrasse

hier auf dem über 500 Meter Höhe liegenden Abschnitt, der uns die folgenden Kilometer immer weiter sanft bergan führt, einfach hervorragend. In der kaum besiedelten Gegend fallen die vielen Hecken, die gleichzeitig als Umzäunung von Weiden dienen, auf. So können wir uns nicht nur an der schönen, kleinteilig gegliederten Landschaft erfreuen, sondern auch die frische Luft – die Gegend um das Hohe Venn weist bundesweit mit die sauberste Luft auf – genießen. Und im Frühsommer begleiten uns unmittelbar am Wegesrand farbenfrohe Blumen wie Klatschmohn, Kamille und Lupinen. Und wer genauer hinsieht, kann auch einzelne Orchideengewächse ausmachen.

In Höhe des früheren Haltepunktes **Entenpfuhl** gelangen wir an eine größere Kreuzung des regionalen

Für die Seele

Radeln auf der alten Vennbahntrasse:
Das bedeutet, das Fahrrad rollen lassen und dabei die Umgebung mit allen Sinnen erleben.

Radwegenetzes; wir haben diese bei Tour 3 schon passiert. Links von uns liegt nun der belgische Teil des Hohen Venns. Kurz darauf tangieren wir die stark frequentierte Bundesstraße **B 258,** diese queren wir im Zickzack über eine Mittelinsel und fahren in der Folge auf einem nicht asphaltierten, geschotterten Teilstück entlang. Aus Naturschutzgründen entschloss man sich, keinen Asphalt aufzutragen, da dieser von den hier vorkommenden und unter Schutz stehenden seltenen Birkhühnern nicht akzeptiert wird. Wir können mit diesem Umstand leben und erreichen nach einer Weile **Lammersdorf.** Das frühere Bahnhofsgelände erkennen wir an seiner Güterwaggoninstallation, diese dient heute als Rastplatz und

Entschleunigungstour 7

unmittelbar daneben sehen wir den Hinweis auf das dortige **Bauernmuseum** ❷. Nach einer kurzen Rast geht es nun wieder über glatten Asphalt weiter. Mit Erreichen des Scheitelpunktes (rund 550 Meter) in Höhe der Waldsiedlung macht die Route einen lang gezogenen Linksknick. Wir tauchen nun in den Wald ein, gleiten anschließend in einer Rechts- und Linksschleife leicht bergab und erreichen kurze Zeit später die ersten Häuser von **Roetgen.**

Nun müssen wir uns konzentrieren, denn die Vorfahrt wechselt ständig, mal hat der Radverkehr auf der Bahntrasse Vorrang, dann wieder der Kfz-Verkehr auf den querenden Straßen, so auch auf der **B 258,** der sogenannten **Himmelsleiter,** die wir vorsichtig queren. Kurze Zeit später erreichen wir erneut die **B 258,** dieses Mal erfolgt die Querung etwas umständlich. Am ehemaligen **Bahnhof Roetgen** entlang – heute mit Café, doch leider allzu nah an der stark frequentierten Straßenkreuzung – geht es später im Gleitflug bergab, durch eine Unterführung der vorhin gequerten **Himmelsleiter.** Hier müssen wir aufpassen und unmittelbar nach der Tunnelquerung die Vorfahrt beachten!

Anschließend lässt es sich wieder gut abschalten und immer bergab rollen, dabei tauchen wir in den Wald ein und schnuppern den Duft der Kiefern. Unterwegs begegnen uns Radfahrer mit viel Gepäck, diese haben erkennbar mehr Mühe mit dem Vorwärtskommen. Wir hingegen machen später eine lang gezogene, fast 180-Grad-Rechtsschleife, passieren ein ausgedientes Bahnsignal, parallel am Wegesrand begleitet von zahlreichen Orchideen und erreichen zusammen mit einem noch betriebsbereiten Bahngleis den **Bahnhof Raeren.** Dieses Gleis wird im Notfall als Ausweichstrecke bei größeren Streckensperrungen im Raum Aachen benutzt.

Hier am Bahnhofsgelände lassen sich noch die alten Gleisanlagen erkennen, ausrangierte Loks und Waggons dokumentieren eine einst glorreiche Bahn-

Vennbahnradweg bei Raeren

Auf der Vennbahntrasse

periode der Töpfermetropole Raeren, etwa 2 Kilometer weiter westlich. Nun geht es wieder durch ein Waldstück, links der Strecke lassen sich noch Reste des ehemaligen Westwalls (Panzersperre) erkennen, er wurde als Mahnung gegen Kriege stehen gelassen. Kurz danach queren wir eine Straße, durchfahren den kleinen Ort **Schmidthof** und erreichen, nun ständig begleitet vom Notfallgleis, das Bahnhofsareal von **Walheim.** Hier lässt sich neben zahlreichen abgestellten Loks und Waggons auch noch ein gut erhaltenes Stellwerk bestaunen. Heute ist Walheim ein Stadtteil von Aachen; die Nähe der Großstadt macht sich sowohl in der Bebauung als auch beim innerörtlichen Autoverkehr bemerkbar. Wir queren die Gleise, fahren nun links der Bahn weiter und queren abermals das Gleis, um – nun wieder ohne Autoverkehr – auf dem Radweg neben dem Bahngleis weiterzufahren. Nach wenigen Hundert Metern queren wir erneut das Gleis, unsere Strecke verläuft in der Folge über den **Viadukt Falkenbachtal** ❸. Von hier aus bietet sich ein imposanter Ausblick über die nähere Umgebung dieser sehr hügeligen, von Weißdorn und Hecken geprägten Mittelgebirgslandschaft, auch **Münsterländchen** genannt.

Nun ist es nicht mehr weit bis zu unserem nächsten Etappenstopp. Wie in einer Galerie biegen sich die im Sommer Schatten spendenden Bäume über unsere Route, und nach kurzer Zeit passieren wir den **Viadukt Ittertal,** von dort blicken wir rechts der Strecke auf die Dächer der einstigen Reichsabtei **Kornelimünster.** Wer sich für die Geschichte und vor allem für Kunst interessiert, dem sei ein Besuch im dortigen **Museum für zeitgenössische Kunst** ❹ unmittelbar neben der Abtei empfohlen. Allerdings muss dann über stark frequentierte Straßen der Marktplatz erreicht werden und später wieder bergan auf dem Bahndamm zurückgeradelt werden.

In jedem Fall lohnt aber nach den vielen Kilometern und Eindrücken aus der Eisenbahnperspektive

Kornelimünster wurde bereits von Römern besiedelt. Bekannt wurde der Ort im frühen 9. Jahrhundert, als das Benediktinerkloster St. Salvatoris ad Indam gegründet wurde, ausgestattet mit Christusreliquien aus dem Aachener Reliquienschatz. In der zweiten Hälfte des 18. Jahrhunderts wurde das Innere der Kirche neu gestaltet, Ende des 19. Jahrhunderts wurde die Anlage grundlegend restauriert.

Entschleunigungstour 7

eine längere Pause im Biergarten des im früheren **Bahnhof Kornelimünster** eingerichteten **Gasthauses Bahnhofsvision** ❺. Nach dieser Stärkung kann es weitergehen – schon bald rollen wir über den nächsten Viadukt, den **Viadukt Rolleftalbach** ❻. Hier muss man schon schwindelfrei sein, um vom Geländer des 1885 erbauten und heute denkmalgeschützten Bauwerks aus auf den **Rollefbach** zu blicken. Nach wenigen Hundert Metern hinter der lang gezogenen Linkskurve lässt sich ein Blick auf das Viadukt werfen.

Schnell erreichen wir den nächsten Aachener Ortsteil **Brand.** Hier müssen wieder mehrere Straßen gequert werden, doch die Wegweisung leitet uns sicher durch die dichte Bebauung und Ampeln schützen uns bei der Querung der hochfrequentierten Ortsdurchfahrten. Und wer im vorher beschriebenen Biergarten vorbeigefahren ist, kann hier einen weiteren **Biergarten** im ehemaligen **Brander Bahnhof** ❼ besuchen.

Ab hier geht es immer den Wegweisern folgend mal durch Wohngebiete, dann über eine Autobahn hinweg, mal entlang von Gewerbegebieten, dann wieder durch eine Wiesen- und Weidenlandschaft. In Höhe eines Parkhauses erreichen wir die schon mehrfach tangierte Bundesstraße **B 258** (hier heißt sie **Trierer Straße**). Diese queren wir im Schutz einer Ampel und stehen vor dem Eingang des **Bahnhofs Aachen-Rothe Erde,** wo der Vennbahnradweg endet.

Von der dortigen Bushaltestelle kann man mit dem Fahrradbus nach Monschau zurückfahren; wer ohne Auto angereist ist, kann von hier aus mit den Regionalzügen die Heimreise antreten. Und wer immer noch nicht genug gesehen hat, kann den rotweißen Fahrradwegweisern bis in die Aachener Innenstadt folgen, dort wartet unter anderem Deutschlands erstes UNESCO-Weltkulturerbe, der Aachener Dom, auf einen Besuch.

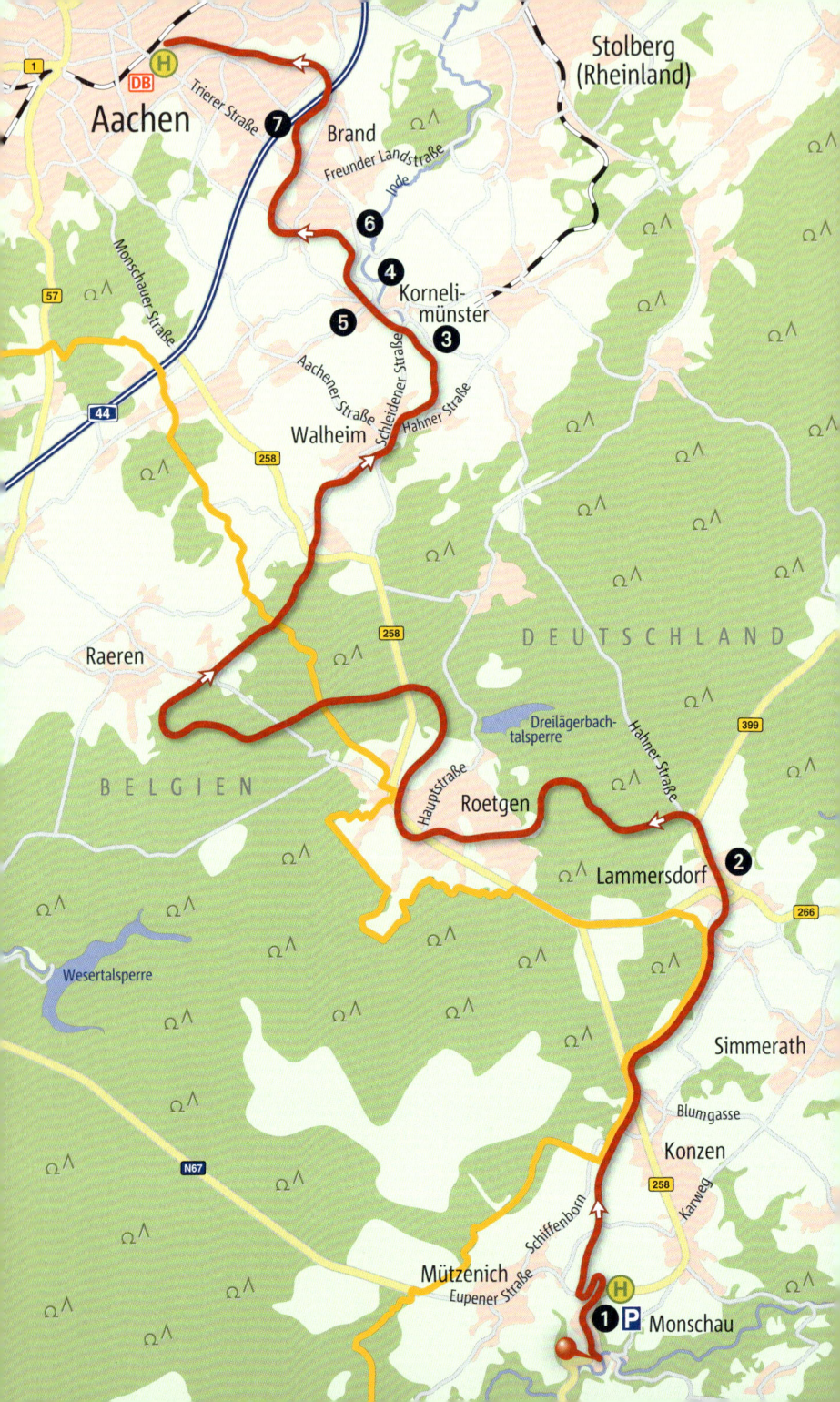

Alles auf einen Blick

WIE & WANN:
Bis auf ein Teilstück südlich Lammersdorf durchgehend asphaltiert; beste Radelzeit Mai bis Oktober; ideal für Einsteiger, Kinder und Genussradler, ein E-Bike wird empfohlen bei Abstechern jenseits der Bahntrasse

HIN & WEG:
Start: Monschau (GPS: 50.331955, 6.142314)
Auto: Monschau, Parkhaus/Schmiede oder Monschau, Parkhaus Seidenfabrik (Laufenstraße)
ÖPNV: Fahrradbus Linie 66 von Aachen, Fahrradbus Linie 815 von Kall
(Haltestelle Monschau, Haus Flora)
Ziel: Bf Aachen-Rothe Erde
Auto: Rückfahrt ab Aachen mit dem Fahrradbus Linie 66
ÖPNV: RE 1, RE 9, RB 20; ab Aachen Hbf auch RE 4, RB 33
Anschlusstour: Diese Tour bietet sich als Fortsetzung der Tour 6 (Jünkerath–Monschau) mit Übernachtung und Sightseeing in Monschau an

Entspannung ★★★★★
Genuss ★★★★★
Romantik ★★★★★

ESSEN & ENTSPANNEN:
Gasthaus Bahnhofsvision ❺ Bahnhof 2, 52076 Aachen-Kornelimünster, Tel. (0 24 08) 15 24, www.bahnhofsvision.de (Mo.–Fr. 16–23, Sa. 12–23, So. 10–23 Uhr)
Brander Bahnhof ❼ Karl-Kuck-Straße 1, 52078 Aachen-Brand, Tel. (02 41) 18 92 76 31, www.brander-bahnhof.de (tägl. ab 12 Uhr)

ENTDECKEN & ERLEBEN:
Historische Senfmühle ❶ Laufenstraße 116, 52156 Monschau, Tel. (0 24 72) 22 45, www.senfmuehle.de
Bauernmuseum ❷ Bahnhofstraße 3, 52152 Simmerath-Lammersdorf, Tel. (0 24 73) 80 78, www.lammersdorf-bauernmuseum.de
Viadukt Falkenbachtal ❸
Historischer Ortskern Kornelimünster ❹ mit Abteikirche und Museum für zeitgenössische Kunst, Abteigarten 6, 52076 Aachen-Kornelimünster, Tel. (0 24 08) 64 92, www.kunsthaus.nrw
Viadukt Rollefbachtal ❻

- ❋ 23 Kilometer
- ❋ 300 Höhenmeter
- ❋ 3 Stunden
- ❋ Rundtour

Römischer Tempel Görresburg

Entschleunigungstour 8

Das **„Naturerlebnisdorf" Nettersheim,** unser Start- und Zielort, ist seit den 1980er-Jahren auf sanften Tourismus ausgerichtet. Im **Naturzentrum Eifel** (siehe auch Tour 4) neben dem Park- und Spielplatzgelände werden unter anderem Ausstellungen zu archäologischen Funden, der Besiedlungsgeschichte und den Lebensräumen mit ihren Pflanzen und Tieren präsentiert. Beliebt ist Nettersheim vor allem bei Schulklassen und Jugendgruppen, so gibt es neben dem Jugendgästehaus auch einen Jugendzeltplatz (Römerlager) sowie ein Selbstversorgerhaus. Wer möchte, kann sich hier mit weiteren Tipps und Infos versorgen, und für kurzfristig Entschlossene stehen einige wenige Miträder bereit.

Auf Römerwegen
Rund um Nettersheim

Wir verlassen Nettersheim vom Bahnhof aus in östliche Richtung über die **Bahnhofstraße** leicht bergauf, an der Gabelung in Höhe der Kirche biegen wir rechts in die **Martinstraße** ein, rollen wieder abwärts und fahren in der Folge auf der autofreien Route durch das **Genfbachtal** leicht bergan. In den Frühsommerwochen erwartet uns mit Erreichen der hügeligen Wiesenlandschaft ein Augenschmaus an farbenfrohen Wiesenblumen und zum Teil seltenen Orchideengewächsen beiderseits der Route.

Links in Höhe der Weggabelung etwa 100 Meter in Höhe des Genfbachs liegt die **Ahekapelle** ❶.

Die dem heiligen Servatius geweihte Wallfahrtskapelle hat dank privater Initiative überdauert; ihr

Vor allem im Mai/Juni lohnt eine Radtour durch das Genfbachtal. Dann blühen am Bachlauf des von Erlen und von Kalkmagerrasen geprägten Gebietes zahlreiche Orchideen wie geflecktes und breitblättriges Knabenkraut, Sumpf-Stendelwurz sowie der leuchtend rote Blut-Storchschnabel.

Entschleunigungstour 8

Ursprünglich wurde die Ahe-kapelle als Pfarrkirche auf Fundamenten aus römischer Zeit erbaut. Schon damals war das Gelände besiedelt, es gab im Spätmittelalter einige Höfe, ein Wirtshaus, eine Mühle sowie Mühl- und Fischweiher. Als die Siedlung im 18. Jahrhundert aufgegeben wurde und der Ort von der Landkarte verschwand, blieb die Kapelle stehen.

Name leitet sich vom „Ahebach" ab, der früheren Bezeichnung des Genfbaches. Heute ist sie Ziel von Wallfahrten am 13. Mai, dem Namenstag des heiligen Servatius sowie ein beliebter Rastplatz von Wanderern entlang des Jakobspilgerweges.

Ansonsten orientieren wir uns an der Weggabelung in Richtung Blankenheim, nun geht es ein kurzes Stück etwas steiler bergan – mit einem E-Bike problemlos zu schaffen. An der kommenden Gabelung nach rund 600 Metern halten wir uns nochmals rechts, um an der darauffolgenden Gabelung scharf rechts und später über einen Schotterweg erneut bergan zu fahren. Nach einer Weile schwenkt der Weg nach rechts auf einen breiteren Waldweg ein. Wir befinden uns nun auf historischen Wegen, denn vor einiger Zeit fanden Archäologen dank moderner Luftbilderkennung den Verlauf der antiken **Römerstraße** im hiesigen Waldgebiet, dem **Mürel.** Sie diente nicht

Am Forsthaus Mürel

Rund um Nettersheim

nur den römischen Legionen, sondern später im Mittelalter auch den Händlern und Pilgern wegen ihrer Höhenlage – die Tallagen waren meist versumpft – als idealer Verkehrsweg. Unterwegs sehen wir neben einigen Radwanderern vor allem viele Wanderer, einige erkennbar als Pilger. An heißen Tagen genießen wir den kühlenden Schatten des dichten Waldes, passieren nach einer Weile das **Forsthaus Mürel** und fahren immer geradeaus. Am Abzweig in Richtung Blankenheimerdorf geht es geradeaus weiter, wir überqueren die Umgehungsstraße der **B 51** und erreichen das Gewerbegebiet von **Blankenheim.** Nun wieder mit glattem Asphalt unter den Rädern lassen wir uns bis zum Kreisverkehr hinunterrollen, den Hinweis auf die Römervilla ignorieren wir zunächst und fahren gerade-

Für die Seele

Abseits von Straßen die Natur erleben und in die Römerzeit und das Mittelalter eintauchen – Radelgenuss pur auf der ViaVelo.

aus in die **Bahnhofstraße,** dann links **Burg.** Nach einer Weile stehen wir im Eingangsbereich der **Grafenburg** ❷. Die Grafenburg wurde Anfang des 12. Jahrhunderts erstmals erwähnt, die Burg in der heutigen Form stammt aus dem 15. Jahrhundert. Heute ist dort die Jugendherberge untergebracht. Nicht weit vom Toreingang liegt rechts des Weges ein Parkplatz mit einer Infotafel. Hier befindet sich einer der Eingangsschächte des **Tiergartentunnels** ❷.

Nach diesen Eindrücken lassen wir uns bergab rollen, schwenken rechts auf die **Kölner Straße** ein (Vorsicht: kein Radweg!) und gelangen nach wenigen Metern zum **Rathausplatz.** Hier biegen wir rechts ein und schieben nicht nur wegen der Einbahnstraße, sondern

Im 15. Jahrhundert baute Graf Dietrich III. von Manderscheid-Blankenheim eine Fernwasserversorgung mittels einer Holzrohrdruckleitung zur Burg Blankenheim, die unter einem Bergsporn nahe der Burg in einem Tunnel geführt werden musste, um Gefälle zu behalten. Das gesamte Ensemble, also Quelle, Druckleitung, Tunnel und Burg, gilt als technische Meisterleistung des Mittelalters.

Entschleunigungstour 8

Die Ahrquelle, die unter einem alten Fachwerkhaus entspringt, ist Mittelpunkt des his-torischen Ortskerns. Aus ihrer Quelle fließen durchschnittlich 700 Liter Wasser pro Minute, durch einen gemauerten Kanal durchfließt das Wasser den Ort. Etwa 90 Kilometer fluss-abwärts mündet die Ahr bei Sinzig in den Rhein.

auch, um den Ortskern anschließend in Ruhe erkunden zu können, die Räder durch die Gassen des schmucken Eifelörtchens. In jedem Fall sollte man genügend Zeit für einen Aufenthalt einplanen. Hauptattraktionen sind die vorhin schon besuchte **Grafenburg** und die **Ahrquelle.** So entspringt die Ahr in den Kellergewölben eines Fachwerkhauses aus dem Jahre 1726.

Ein Bummel führt zum **Eifelmuseum** ❸ mit **Gildehaus,** einem Fachwerkbau aus dem 17. Jahrhundert, hier befindet sich seit jüngster Zeit das Informationszentrum zur Geschichte der Römer. Doch ebenso sehenswert sind die Stadttoranlagen Hirtentor und Georgstor, die spätgotische **Pfarrkirche St. Mariä Himmelfahrt** und der Zuckerberg mit seinen zahlreichen Fachwerkgebäuden. Kulinarisch kommt man im **Bistro Landlust** ❹ auf seine Kosten, hier gibt es neben süßen Leckereien auch herzhafte Flammkuchen. Diese Stärkung haben wir uns nach dem doch recht hügeligen Bummel durch die Altstadtgassen und einer noch bevorstehenden Bergetappe verdient.

Eine Spezialität im Bistro Landlust ist neben selbst gebackenem Käsekuchen die Auswahl an im Steinofen gebackenen Flammkuchen, zum Beispiel belegt mit Birne und Gorgonzola oder mit Ziegenkäse. Und wer es lieber süß mag, kann auch Apfel und Zimt als Belag wählen. Lecker!

Im Eifelmuseum in Blankenheim

Römerstraße bei Blankenheimerdorf

Rund um Nettersheim

Den Ort verlassen wir über die **Ahrstraße** in nordwestliche Richtung und leicht bergan, fahren durch das Georgstor und orientieren uns am Ende der Straße rechts, nun weiter bergan auf dem Radweg der **Bahnhofstraße.** In Höhe des Busbahnhofs biegen wir links ein **(In den Alzen)**, bereits links der Strecke sehen wir die Reste einer **Römervilla** ❺ des 1. bis 4. Jahrhunderts. Dieses bedeutende Bodendenkmal wurde für die Öffentlichkeit durch einen modernen Architekturentwurf aus Stahl erschlossen, der die Struktur der Gesamtanlage sichtbar macht. Mit einer Fläche von 250 × 120 Metern zählt dieses Areal zu den größten römischen Landgütern des Rheinlandes. Das Grundstück war von einer Bruchsteinmauer umgeben und verfügte über einen Nutzgarten, an den das Hauptgebäude anschloss. Um einen Hof herum lagen sechs Nebengebäude.

Nach diesem Abstecher fahren wir zunächst weiter entlang der Straße In den Alzen, biegen dann rechts in den **Dörfer Weg** ein. Am Wegende fahren wir über den Wendehammer hinaus geradeaus weiter, links parallel verläuft der durch dichtes Baum- und Buschwerk überwachsene Bahndamm der früheren Oberen Ahrtalbahn. Diese Strecke wurde ab 1970 nicht mehr befahren und die Gleise bis 1980 demontiert. Am kommenden Abzweig überqueren wir links die ehemalige Bahntrasse, wir erreichen die ersten Häuser von **Blankenheimerdorf,** das auf einem Höhenrücken liegende frühere Blankenheim. Die Umbenennung erfolgte nach dem Bau der talwärts gelegenen Burg, unter der sich später das heutige Blankenheim bildete.

Der Weg **Hohental** nimmt wieder den Verlauf der alten Römerstraße auf, die uns auf der ersten Etappe durch den Müreler Forstwald führte; wir folgen diesem Verlauf und tangieren den Ort nur leicht im Süden, bevor es in Richtung Schmidtheim auf ruhigen, asphaltierten Höhenwegen weitergeht. Im Frühsommer bilden die gelb leuchtenden Löwenzahnwiesen

Entschleunigungstour 8

zusammen mit den Grüntönen der Weiden und Wälder sowie dem azurblauen Himmel mitsamt den Schönwetterwolken ein tolles Farbenmosaik.

Am Wegende fahren wir rechts vorbei am **Olbrücker Wald,** dann weiter geradeaus über zwei Wegekreuzungen, fahren über die **B 51** hinweg und orientieren uns an der kommenden Verzweigung halb rechts. Über einen fein geschotterten Weg geht es nun bergab, am Wegende müssen wir links auf den Radweg neben der **B 258** weiter talwärts rollen. Wir überqueren die Urft sowie das Gleis der Eifel-Bahn und passieren zunächst die Einfahrt zum dortigen **Bahnhof Blankenheim Wald.** Die Fahrradwegweiser leiten uns rechts auf die Tälerroute der Urft in Richtung Nettersheim, zunächst vorbei am **Naturschutzgebiet Haubachtal.** Hier abseits der Bundesstraße genießen wir wieder die Ruhe und die frühsommerliche Blütenpracht von Ginster und Weißdorn. Wir bleiben auf der gut ausgebauten Piste der Tälerroute, unterwegs markieren Stahlstelen im **archäologischen Landschaftspark** ❻ den Verlauf der einstigen antiken **Agrippastraße,** auf der sich römische Heere und Händler von Südfrankreich über Trier nach Köln bewegten. Hier bei Nettersheim wurde 2009 eine römische Siedlung entdeckt. Sie bestand aus Wohnhäusern, Heiligtum, gewerblichen und öffentlichen Bauten sowie einer Befestigungsanlage und erstreckte sich entlang der römischen Agrippastraße. Teile der Siedlung – vermutlich Marcomagus – und die Römerstraße wurden wieder sichtbar gemacht.

Nun ist es nicht mehr weit zu unserem Ausgangsort. Schon bald führt uns die Route auf Asphalt weiter und über die **Urftstraße** erreichen wir **Nettersheim.** Wenn wir uns Räder ausgeliehen haben, fahren wir am kommenden Abzweig **Römerplatz** rechts über die Urft, dann sofort links auf das **Naturzentrum Eifel** ❼ zu. Ansonsten bleiben wir auf der **Urftstraße** und biegen in Höhe des Parkplatzes rechts auf die **Bahnhofstraße** ein, auf der wir den Ort durchfahren und hinter dem Bahngleis rechts zum Bahnhof/Parkplatz einbiegen.

Bemerkenswert im archäologischen Landschaftspark ist die hohe Dichte an römischen Überresten: So liegen die Tempelanlage Görresburg, die antike Agrippastraße, der vicus mit erkennbaren Grundrissen der Hausbebauung und öffentlichen Bauten sowie der burgus mitsamt Kleinkastell recht nahe beieinander.

Auf der Agrippastraße bei Nettersheim

Alles auf einen Blick

WIE & WANN:
Abwechselnd asphaltierte Wege sowie Wald- und geschotterte Feldwege, sehr hügelige Wegeführung in der Ortslage von Blankenheim; beste Radelzeit Mai bis Oktober; ideal für Genussradler; für Kinder nur bedingt geeignet; für Gelegenheitsradler empfiehlt sich ein E-Bike

HIN & WEG:
Start/Ziel: Bf Nettersheim (GPS: 50.293172, 6.375037)
Auto: Parkplatz (P + R) am Bf Nettersheim
ÖPNV: RE/RB 22 (Eifel-Express) aus Richtung Köln bzw. Trier
Besonderheit: Im Naturzentrum Eifel (Nettersheim) stehen Mieträder bereit (auch E-Bikes)

ESSEN & ENTSPANNEN:
Bistro Landlust ❹ Klosterstraße 3, 54945 Blankenheim, Tel. (0 24 49) 9 17 91 90, www.landlust-blankenheim.de (Do.–Mo. 11–18 Uhr, Di. + Mi. Ruhetag)

Entspannung ✦✦✦✦✦
Genuss ✦✦✦✦✦
Romantik ✦✦✦✦✦

ENTDECKEN & ERLEBEN:
Naturschutzgebiet Genfbachtal mit Ahekapelle ❶
Grafenburg mit Tiergartentunnel ❷ Burg 1, 53945 Blankenheim, Tel. (0 24 49) 8 72 22, www.blankenheim.de
Historischer Ortskern mit Eifelmuseum ❸ Ahrstraße 55-57, 53945 Blankenheim, Tel. (0 24 49) 8 72 22, www.eifelmuseum-blankenheim.de
(Mo.–Fr. 10–16, Sa. + So. 9.30–15 Uhr)
Römervilla ❺ In den Alzen, 53945 Blankenheim, www.roemervillablankenheim.de
Archäologischer Landschaftspark ❻ www.archaeologischer-landschaftspark.de
Naturzentrum Eifel ❼ Urftstraße 2, 53947 Nettersheim, Tel. (0 24 86) 12 46, www.naturzentrum-eifel.de (dort werden auch Fahrräder vermietet)
(Mo.–Fr. 9–16, Sa. + So. 10–16 Uhr)

- 52 Kilometer
- 574 Höhenmeter
- 4–5 Stunden
- Streckentour

Entschleunigungstour 9

Nach der Ankunft am außerorts gelegenen **Bahnhof** bei **Oberbettingen** fahren wir über den Parkplatz, dann links auf die **K 47.** Ohne Radweg, aber auch mit nur wenig Autoverkehr geht es zunächst Richtung Süden, an der kommenden Abzweigung folgen wir den grün-weißen Wegweisern links, fahren über die Kyll hinweg und anschließend durch die sich hier öffnende Talaue. Hier können wir erstmals abschalten, uns die frische Eifelluft um die Nase wehen lassen und uns an den bunten Wiesenblumen in der Kyllaue erfreuen. Über einen gut ausgebauten, breiten Feldweg gelangen wir schließlich nach **Bolsdorf.** In der Ortsmitte biegen wir noch vor der alles überstrahlenden Kirche St. Margareten links ein, fahren an einem schönen Back-

(Ent-)Spannung pur
Auf der Spur der Oberen Ahrtalbahn

haus nebst Café vorbei und erreichen hinter dem Bolsdorfer Museum das **Bolsdorfer Tälchen.** An heißen Sommertagen wissen wir nun die kühlende Wirkung des Auenwaldes zu schätzen und fahren in der Folge leicht bergan. Spaziergänger und erste Autos verraten uns die Nähe unseres ersten Zwischenstopps, vorbei am Naherholungsgebiet folgen wir den Fahrradwegweisern, sehen bereits die mittelalterliche Stadtmauer von **Hillesheim** ❶ und gelangen kurz danach auf die Ortsdurchfahrt der **B 421,** die uns in die Ortsmitte führt.

In Höhe des Kriminalhauses biegen wir zu unserer ersten Pause rechts auf den Marktplatz ein. Eine Infotafel gibt Auskunft über die Geschichte des mittel-

Entschleunigungstour 9

alterlichen Ortes mit seiner großen Burganlage, alten Gebäuden und dem legendären Eiskeller. Und wer hier einkehren möchte, kann dies im **Kriminalhaus** machen und hierbei die (un)heimliche Krimihochburg Hillesheim kennenlernen.

Nach diesem Zwischenstopp fädeln wir uns auf die Ortsdurchfahrt rechts ein und folgen dann links den Wegweisern auf die **Kölner Straße (L 26).** Wir verlassen die **L 26** rechts, folgen den Wegweisern, fahren später links durch die ehemalige Bahnunterführung, dahinter rechts und später halbrechts auf den Weg entlang der früheren Bahnlinie. Nun können wir wieder abschalten und stressfrei die nächsten Kilometer weiterradeln. Am Wegesrand lässt sich noch zwischen den Pflanzen der alte Schotter der früheren Bahnlinie ausmachen. Einige Hinweise auf Geopfade deuten auf die Nähe ehemaliger Vulkane hin. Nicht ohne Grund hat sich der einstige Landkreis Daun in

Im 2007 eröffneten Kriminalhaus ist im Dachgeschoss ein Krimiarchiv mit etwa 30.000 Büchern ausgestellt. In bibliophiler Atmosphäre lässt es sich nach Lieblingskrimis stöbern; wer will, auch beim Genuss einer „Miss Marple's Teatime" oder einem „Chocolat Poirot". Abgerundet wird dieses Erlebnis durch eine Spielesammlung und Krimipuzzles.

Kriminalhaus Hillesheim

Auf der Spur der Oberen Ahrtalbahn

Landkreis Vulkaneifel umbenannt. Gerade rund um Hillesheim lassen sich viele dieser einstigen Vulkankrater und -maare erkunden.

Wir setzen unsere nun sehr ruhige Fahrt fort und noch vor dem ersten größeren Linksbogen, dem die Route auf dem früheren Gleisbett folgt, können wir in der Ferne unser nächstes Ziel ausmachen. Vorbei an **Walsdorf** und dem dortigen Gewerbegebiet folgt die Route nicht immer dem Verlauf der alten Bahntrasse, doch über ruhige Wege erreichen wir später links auf die **Loogher Straße** einbiegend den Ortsbeginn von **Kerpen.** In Höhe des ehemaligen Bahnhofs folgen wir dem Wegweiser halb rechts, fahren mitten durch den Ort und sehen vor uns auf einem Felsen **Burg Kerpen** ❷, eine Fliehburg mit Ursprüngen aus dem 12. Jahrhun-

Der Vulkanismus der Westeifel begann vor rund 700.000 Jahren, also in geologischer Neuzeit. Daher lassen sich heute im Gelände die typischen Vulkanismusformen und -schichtungen gut ablesen. Um Walsdorf befinden sich ein Trockenmaar, ein Lavasteinbruch sowie ein Vulkankrater.

❀ Für die Seele

Über eine alte Bahntrasse durch die Region – so erleben wir genussvoll und entspannt eine abwechslungsreiche Landschaft.

dert. Regionale und überregionale Prominenz machte der Burg schon ihre Aufwartung, so wohnte unter anderem auch Alfred Andersch (Autor von „Sansibar oder der letzte Grund") in dieser Burg.

Wir folgen der Wegweisung zunächst rechts über die **Bahnstraße,** die uns in einem Linksbogen aus dem Ort herausführt. Später müssen wir die parallel verlaufende Straße queren und sehen – nun wieder vom früheren Bahndamm aus – einen ehemaligen Marmorbruch. Wir befinden uns nun in der Kalkeifel.

Die Führung der einstigen Bahnlinie wird nun unterbrochen; die Bahn selbst verlief früher entlang der Talaue direkt in den Ort hinein, unsere Route führt dagegen über eine Anhöhe in den oberen Ortsteil von

Die Kalkeifel ist aus Karbonatablagerungen des tropischen Mitteldevon-Meeres vor rund 380 Millionen Jahren entstanden. Es handelt sich um tonhaltige und gleichzeitig fossilreiche Kalksteine (mergelige Kalksteine), ie reich an Fossilresten von Stromatoporen, einer riffbildenden Korallenart, sind.

Entschleunigungstour 9

Niederehe. Hier im bereits Mitte des 10. Jahrhunderts erwähnten Ort prägt die **Kirche** der aus dem 12. Jahrhundert stammenden **Klosteranlage** ❸ das Ortsbild. Nach der Auflösung zu Beginn des 19. Jahrhunderts blieb die heutige katholische Pfarrkirche mit ihrer hörenswerten und landesweit ältesten, noch bespielbaren Barockorgel (1715) erhalten.

Unsere Route führt unmittelbar an der Klostermauer entlang, wir folgen den grün-weißen Wegweisern und queren kurz darauf die **Nohner Straße** rechtsdiagonal. Die Route verläuft anschließend leicht bergab durch ein landschaftlich reizvolles Wiesental, später geht es in den Wald hinein. An einer Gabelung – hier mündet eine weitere Route entlang des Oberen Ahbachtales – orientieren wir uns zunächst nach links. In Höhe der kommenden Unterführung lohnt ein Abstecher rechts zur **Nohner Mühle** ❹, einer Bannmühle aus dem 12. Jahrhundert. Sie dient heute als Ausflugscafé, welches bei Radlern, Wanderern und Reitern sehr beliebt ist.

Die Nohner Mühle war bis in die 1980er-Jahre in Betrieb, der heutige Besitzer hat sie unter anderem als Seminarhaus mit integriertem Café restauriert. Es gibt selbst gebackenen Kuchen und frisch gebackene Waffeln, und man kann auf der Außenterrasse sitzen, hier dienen zum Teil alte Mühlsteine als Tische.

Nach dieser Kaffeepause radeln wir zurück zum Radweg, auf den wir rechts einbiegen. Wenige Meter weiter erreichen wir das Naturdenkmal **Wasserfall Dreimühlen** ❺. Hier stürzt das Wasser von drei zusammengeführten Quellen in die Tiefe und bildet in den dortigen Moospolstern den sogenannten Kalksinter aus. Hierdurch wächst dieser Wasserfall jährlich um etwa 10 Zentimeter.

Wer mit dem Auto angereist ist, sollte überlegen, ab hier die Rückfahrt anzutreten. Ansonsten queren wir den Nohner Bach und können anschließend linker Hand einigen Mauerechsen auf den Steinhängen bei ihrem Sonnenbad zusehen, bevor es in Höhe des noch aktiven Steinbruchs rechts über eine Stahlbrücke geht. Dabei folgen wir den grün-weißen Wegweisern, die uns in einigen Versätzen und über zum Teil recht schmale Wege nach **Ahütte** leiten. Hier biegen wir rechts auf die Ortsdurchfahrt des **L 10** ein, um am Ortsende halb links in den **Hammer Weg** einzubiegen. Nun

Nohner Mühle

Wasserfall Dreimühlen

Auf der Spur der Oberen Ahrtalbahn

haben wir wieder die Strecke für uns allein, fahren entlang des Ahbachs, passieren nach einer Weile die **Hammer Mühle** und sehen wenig später links des Ahbachs die **Burgruine Neublankenheim.** Eine Infotafel an der Strecke erläutert uns die historischen Hintergründe sowie die 2004 abgeschlossenen Restaurierungsarbeiten der einsturzgefährdeten Burg. Die Strecke ist nun wieder asphaltiert und Teil der einstigen Bahntrasse, nun ist es nicht mehr weit zum Mündungsbereich der Ahr. In Höhe eines Rastplatzes queren wir die **L 70** und fahren nun entspannt auf dem Ahr-Radweg weiter, der hier den Verlauf der alten Ahrtalbahn aufnimmt und zunächst in den Wald eintaucht. Durch den früheren Tunnel können wir leider nicht hindurch, daher geht es abseits der Trasse weiter – mit Blick auf die einstige **Dorseler Mühle.** Zu ihrer aktiven Zeit besaß diese Mühle drei Wasserräder – einzigartig im Rheinland. Zurück auf der alten Bahntrasse führt unsere Route am früheren Bahnhof vorbei nach **Müsch,** hier müssen wir wieder weg von der Bahntrasse und links hinunter in den Hauptort. Dabei überqueren wir die Ahr und die **B 258,** folgen der Wegweisung und fahren rechts die **Bergstraße** bergauf und zurück zum Radweg. Nun geht es wieder ohne Steigungen und Autoverkehr weiter auf der alten Bahntrasse am Waldrand entlang, vorbei an schön gelegenen Ruheplätzen. Kurz vor **Antweiler** fährt man ein Stück über eine wenig befahrene Kreisstraße bergab, am Ortsbeginn sofort wieder rechts und vorbei am ehemaligen Bahnhof, kurz danach erreichen wir ein weiteres Mal die alte Bahntrasse. An einigen Stellen gibt der uns begleitende Auenwald den Blick auf die Ahraue frei. Störungsfrei werden wir nach **Fuchshofen** geleitet. Hinter dem Ort biegen wir rechts auf die **L 73** ein.

Ab hier müssen wir uns die kommenden 5 Kilometer die Landstraße mit dem Pkw- und Motorradverkehr teilen. Denn die Bahn verlief hier früher durch einen Tunnel, den wir beim Überqueren der Ahr auf der alten Fuchshofener Bruchsteinbrücke

Entschleunigungstour 9

links von uns ausmachen können. Leider wird es noch einige Zeit dauern, bis wir auch mit den Rädern die Abkürzung durch den Felsen nehmen können. Der Schönheit dieses Flusstals auf den folgenden Kilometern tut dies jedoch keinen Abbruch, denn die reizvolle Landschaft des Ahrtals lässt sich abseits der bewaldeten Trassenwege nun von der Talmitte aus erleben. So erkennen wir bizarre Felsformationen, den stark mäandrierenden Verlauf des wohl bekanntesten Eifelflusses, beobachten kreisende Milane über einer frisch gemähten Wiese und die über uns hinwegziehenden Kumuluswolken.

In **Schuld** verlassen wir die L 73 wieder, fahren links in die **Ahrstraße** und folgen dem Verlauf der Wegweiser, überqueren kurz danach die Ahr, fahren dahinter bergan auf einen Felssporn und durch die Siedlung wieder hinunter. Auf einer alten Bruchsteinbrücke queren wir abermals die Ahr und verlassen über die **Römerstraße** mit einem Blick zurück den malerisch auf einem Felssprung gelegenen Ort.

Wir folgen den Wegweisern, queren zunächst die ehemalige Bahntrasse, um kurz darauf auf diese geleitet zu werden, die uns in der Folge durch einen Tunnel führt. Dahinter lädt ein Rastplatz in Höhe des **ehemaligen Kupferbergwerks Goldloch** ❻ zu einer kurzen Verschnaufpause ein, die dortigen Infotafeln informieren uns über die einstige Bedeutung dieses Kupfererzgangs bei Insul.

Wir verlassen die alte Bahntrasse, werden auf einen Radweg neben der Kreisstraße zum Ortseingang von **Insul** geleitet und biegen dort links ab, nun wieder auf einem ruhigen asphaltierten Feldweg durch die Gärten und die Ahraue. Links am Wegesrand passieren wir einen Rastplatz mit einem kleinen Wasserfall. Kurz danach sehen wir rechts der Ahr **Dümpelfeld,** hier führt unsere Route unter einer alten Bahnbrücke hindurch. Um in den Ort zu gelangen, muss man an der kommenden Gabelung den Wegweisern rechts über die alte Bruchsteinbrücke folgen. Ansonsten fahren

Blick auf Schuld

Das Ahrtal im Frühling

Auf der Spur der Oberen Ahrtalbahn

Tunnel bei Insul

wir weiter geradeaus ohne Auto- oder Motorradverkehr, dafür begleitet von Streuobstwiesen, Weiden und Pferdekoppeln bis nach **Liers.** Vor allem im Herbst laden die Apfel- und Birnbäume zum Pflücken der reifen Früchte ein. Weiter geht es auf dem Ahr-Radweg entlang Schatten spendender Hangwälder zur Linken und dem Auenwald rechts der Strecke. Auf diesem Teilstück stoßen wir einige Male an den Fluss; Buntsandsteinskulpturen mit Darstellungen aus Alltagsleben und Geschichte der Region begleiten uns.

Kurze Zeit später passieren wir **Hönningen,** eine fränkische Besiedlung aus dem 7. Jahrhundert (rechts des Flusses). Wir genießen die Spätsommersonne, radeln weiter durch die Wiesenaue, später ergänzt durch Apfelbäume und Holundersträucher und unterqueren kurz vor unserem Zielort eine alte Bahnbrücke. In Höhe des Wendehammers folgen wir dem Verlauf der **Ahrstraße** mitten durch **Brück,** biegen vor Überquerung der Bruchsteinbrücke links ab und folgen der Wegweisung über die Ahr hinweg bis zum Bahnhof Ahrbrück, dem Endpunkt der Ahrtalbahn. Hier können wir die Tour beenden – oder bei Bedarf noch einige Kilometer dem Ahr-Radweg flussabwärts folgen (siehe auch Tour 4).

Die Ahr ist knapp 90 Kilometer lang, sie entspringt mitten in Blankenheim und mündet bei Sinzig in den Rhein. In ihrem Mittellauf schneidet sich die Ahr tief ins Schiefergebirge ein. Bekannt ist vor allem der Unterlauf der Ahr als Rotweinanbaugebiet. Begleitet wird der Fluss seit 2007 vom Ahr-Radweg.

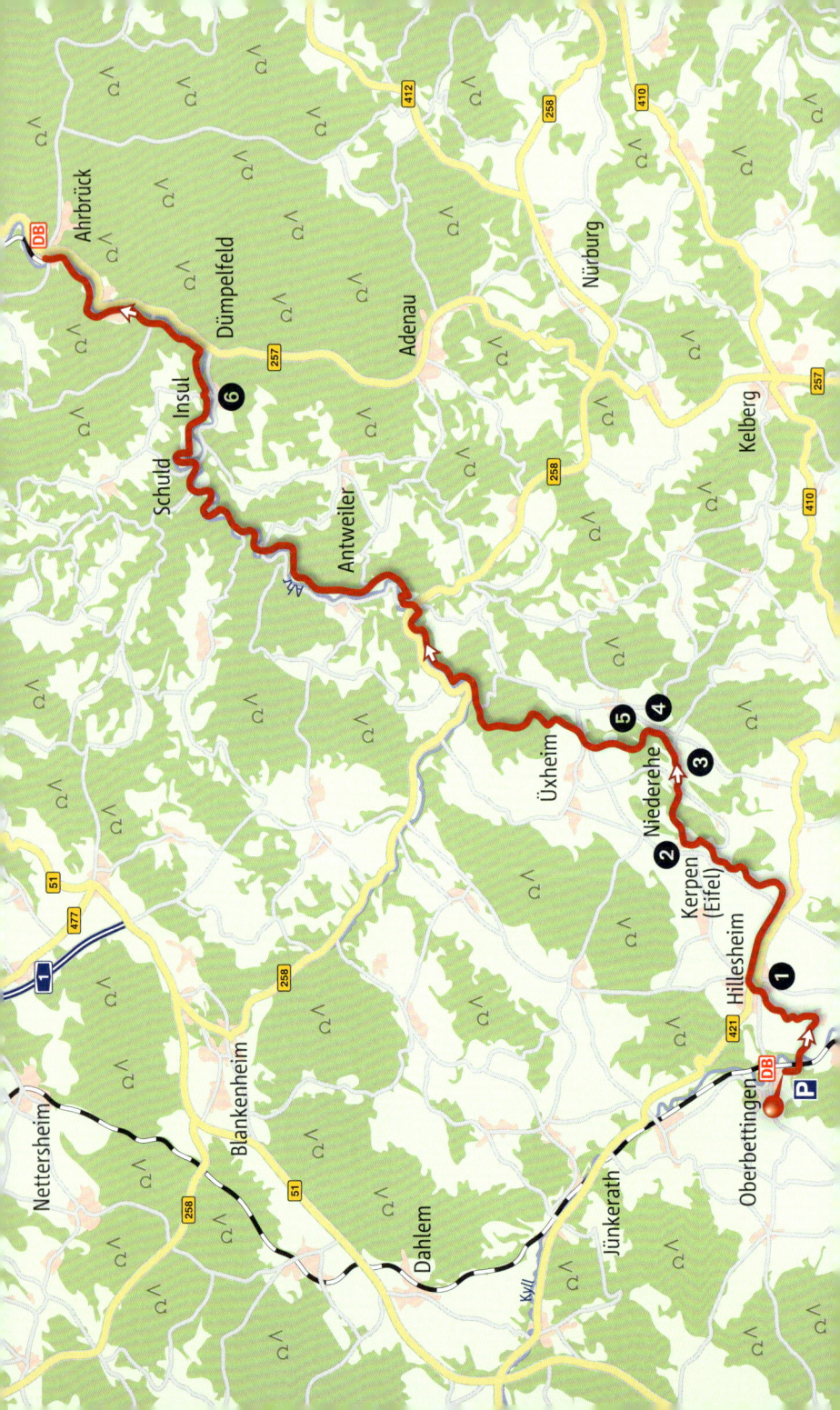

Alles auf einen Blick

WIE & WANN:
Abwechselnd asphaltierte Wege sowie Wald- und geschotterte Feldwege, hügelige Streckenführung in den Ortslagen von Hillesheim und Schuld; beste Radelzeit Mai bis Oktober; ideal für Genussradler, für Kinder nur bedingt geeignet; für Gelegenheitsradler empfiehlt sich ein E-Bike

HIN & WEG:
Start: Bf Oberbettingen-Hillesheim (GPS: 50.165656, 6.381641)
Auto: Parkplatz (P + R) am Bf Oberbettingen-Hillesheim
ÖPNV: RE/RB 22 (Eifel-Express) aus Richtung Köln bzw. Trier
Ziel: Bf Ahrbrück
Auto: Evtl. Rückfahrt vom Wasserfall Dreimühlen nach Overbettingen-Hillesheim
ÖPNV: RB 30 (Ahrtal-Bahn) Richtung Remagen–Bonn
Besonderheit: Bei Anreise mit dem Auto bietet sich nach etwa der Hälfte der Strecke (zum Beispiel ab dem Wasserfall Dreimühlen) die Rückfahrt zum Ausgangspunkt an

Entspannung ★★★★★
Genuss ★★★★★
Romantik ★★★★★

ESSEN & ENTSPANNEN:
Café Nohner Mühle ❹ Nohner Mühle 2, 54578 Nohn, Tel. (0 26 96) 13 14, www.nohnermuehle.de (Do.–Di. 11–19 Uhr, Mi. Ruhetag)

ENTDECKEN & ERLEBEN:
Historischer Ortskern mit Stadtmauer in Hillesheim ❶
Tourist-Info Hillesheim: Tel. (0 65 93) 80 92 00, www.hillesheimer-gerolsteiner-land.de
Burg Kerpen ❷
Ehemaliges Kloster Niederehe ❸
Wasserfall Dreimühlen ❺
Ehemaliges Kupferbergwerk Goldloch ❻

Blick auf Mertloch im Maifeld

* 3 Etappen
* je ca. 20 Kilometer
* je 3 Stunden
* Streckentouren hin & zurück

Entschleunigungstour 10

Ein Tourerlebnis besonderer Art bietet die Gegend um das Maifeld am Rande der Osteifel. Auf ehemaligen Bahntrassen lässt sich die Region ohne größere Mühe sternenförmig erschließen und erkunden. Länge und Richtung lassen sich am besten vom früheren Bahnhof Polch, dem einstigen regionalen Bahnknoten, kombinieren. So kann man 20, 40 oder gar 60 Kilometer an einem Tag bewältigen – je nach Lust, Laune und Fitness. Als besondere Höhepunkte sind neben den herrlichen Ausblicken in die Umgebung des Maifelds und der Vulkaneifel die Vielzahl der Viadukte und Tunnelpassagen zu nennen. Diverse Biergärten, zahlreiche Rast- und Spielplätze sowie Kunst und Kultur am Wegesrand laden zum Verweilen ein.

Die Gegend um Mayen verdankt ihre wirtschaftliche Entwick-lung dem Vulkanismus. Namensgebend für die heutige Stadt Mayen (= Ort am Feld, Maifeld) war der keltische Begriff „magos" = Feld. Die Dauerausstellung Terra Vulcania belegt die geologische Entstehungsgeschichte der Region und ihre Bedeutung für die regionale Wirtschaft.

Magisches Maifeld
Drei Streifzüge in der Osteifel

Etappe 1: Mayen–Polch–Münstermaifeld und zurück
18 Kilometer, 160 Höhenmeter, 3 Stunden

Vom Bahnhofsvorplatz am **Bahnhof Mayen Ost,** dem früheren Bahnknoten der Pellenz, so der Name der östlichen Eifel mit ihren bedeutenden Bimsvorkommen, geht es sofort links auf den gut ausgeschilderten und asphaltierten Bahntrassenradweg zwischen den Gleisen und vorbei an einem alten Stellwärtergebäude in der Folge immer leicht bergab. Links von uns lässt sich noch ein alter Rundlokschuppen erkennen, dort stehen heute keine Loks mehr, sondern er wird anderweitig genutzt. Nach wenigen Pedaltritten verlassen wir Mayen und fahren zunächst vorbei an **Hausen,** kurz danach weisen uns Infotafeln sowie eine Origi-

Entschleunigungstour 10

Der Begriff Moselschiefer ist eine Qualitäts- und Handelsbezeichnung für einen bestimmten Naturstein. Dieser Schiefer kommt nicht von der Mosel, sondern wurde lediglich auf ihr transportiert – so erhielt der Moselschiefer Mitte des 19. Jahrhunderts seinen Namen. Abgebaut wird der Moselschiefer heute nur noch in zwei Gruben, unter anderem in der Mayener Grube Katzenberg.

nal-Lore gefüllt mit Moselschiefer aus der heute noch aktiven Grube Katzenberg hin. Der **Moselschiefer** ist überregional bekannt und glänzt mit seiner charakteristischen blau-grauen Farbe von etlichen Hausdächern.

Nach diesem Intermezzo erreichen wir kurz darauf das **Nettetal-Viadukt** ❶, eine elegant geschwungene Natursteinbrücke. Diese 1904 fertiggestellte Brücke wurde aufwändig saniert, so können wir die unter uns tief eingekerbte Nette komfortabel überbrücken. Schon kurze Zeit später durchqueren wir den ersten Tunnel, den **Hausener Tunnel II** mit insgesamt 253 Metern Länge. Dahinter rollen wir über eine Stützmauergalerie, hier können wir unseren Blick in das Tal sowie auf die mittlerweile **stillgelegte Dachschiefergrube Mosellaschacht** richten. Kurz danach durchfahren wir den nächsten Tunnel, den **Hausener Tunnel I** mit 500 Metern Länge. Beide Tunnel sind beleuchtet und da-

Maifeld-Radwanderweg bei Mayen

Drei Streifzüge in der Osteifel

her gut zu befahren. Hinter dem Tunnel passieren wir eine Kreuzung und sehen dort Schieferplastiken verschiedener Künstler an der Strecke, dieser Kunst am Wegesrand werden wir auf der gesamten Tour noch mehrmals begegnen. In der Höhe des ehemaligen Haltepunktes **Nettesürsch** können wir einen alten Förderturm ausmachen, er gehört zur noch aktiven **Grube Margareta.** Deren Geschichte reicht bis ins 15. Jahrhundert zurück, und noch heute wird bis in eine Tiefe (Teufe) von 220 Metern Dachschiefer abgebaut.

Hinter Nettesürsch ändert sich das Landschaftsbild schlagartig. Nach Unterquerung der Autobahn **(A 48)** verschwinden die Wälder in und um das Nettetal, die landwirtschaftliche Nutzung überwiegt. Äcker und Wiesen säumen unseren Weg, in der warmen

❁ Für die Seele

Weitblicke und Ausblicke in der Osteifel – einfach abschalten und sich auf alten Bahntrassen treiben lassen.

Jahreszeit lassen sich nun viele Schmetterlinge und Käfer beobachten. Nach einer vorerst letzten Linkskurve überqueren wir über eine alte Bahnbrücke die Hauptstraße, bevor wir auf das Areal des einstigen **Polcher Bahnhofs** ❷ einfahren.

Wo früher Waggons rangiert wurden und Lokomotiven das Geschehen bestimmten – Polch war ein Bahnknoten mitten im Maifeld –, staunen wir heute nicht schlecht: Ein auf Radtouristen abgestimmtes Ensemble von Bahnhofsgasthaus mit Biergarten, Spielanlagen, Skulpturen sowie Infotafeln mit Hinweisen und Übersichtskarten zur Region lädt zu einem längeren Aufenthalt ein. Da bleibt bei einer Tasse Kaffee oder einem ersten Fassbier genug Zeit, um sich über

Entschleunigungstour 10

Bei schönem Wetter lässt sich am Polcher Bahnhof die Terrasse zum Genießen und Entspannen nutzen, während sich Kinder am Spielplatz direkt nebenan austoben können. Für Radfahrer bietet die Außenanlage eine ideale Rastmöglichkeit und an schönen Sonntagen ist der Biergarten mit Selbstbedienung geöffnet.

die nächste Variante zur Weiterfahrt zu entscheiden, entweder nach Münstermaifeld oder nach Ochtendung oder wieder zurück in die Kreisstadt Mayen.

Etappe 2: Münstermaifeld–Polch–Ochtendung und zurück
20 Kilometer, 150 Höhenmeter, 3 Stunden

Wir ändern die Fahrtrichtung und fahren auf dem ehemals linken Gleis erneut über eine alte Bahnbrücke in einem Linksbogen und anschließend in südliche Richtung weiter. Nun befinden wir uns auf der Bahnlinie, die 1916 als letzte Bahnstrecke in der Eifel in Betrieb genommen und 1983 stillgelegt wurde. Nach einer Weile können wir links der Strecke die Kirchtürme von St. Stephanus mitten in Polch ausmachen. Danach sehen wir vor allem im Frühsommer die Rapsfelder gelb leuchten und die goldenen Ähren auf den Feldern wehen. Gleichzeitig spenden uns an heißen Tagen die längs der Bahntrasse begleitenden Bäume genügend Schatten. Und roter Klatschmohn entlang der Getreidefelder bietet einen farblich wohltuenden Kontrast, ebenso wie die zahlreichen Wolken, die aus der Hoch-

Drei Streifzüge in der Osteifel

eifel kommend über uns hinwegziehen und uns interessante Schattenspiele bescheren.

Nach einer Weile liegt links von uns die Ortschaft **Mertloch,** von Weitem ist die dreischiffige Basilika auszumachen. Die Gegend um diesen Ort war bereits im 5. Jahrhundert besiedelt. Weiter auf der Bahntrasse passieren wir den früheren Bahnhof, für die Kleinen ist der dortige Wasserspielplatz eine willkommene Pause. Später verläuft die Route in einem großen Linksbogen, und in Höhe einer größeren Wegekreuzung lässt sich eine Kapelle auf einer Bergkuppe ausmachen: Es ist die **Heilig-Kreuz Kapelle.** Ein Weg mit 14 Kreuzwegstationen führt zu dem hell leuchtenden Saalbau mit Schieferdach und Dachreiter, dessen Spitze von einem Wetterhahn geschmückt wird. Um diese Kapelle ranken sich unheimliche Legenden, so soll sich Mitte des 18. Jahrhunderts ein „schreckliches Malheur" ereignet haben – ein einheimischer Junker

Maifeld-Radwanderweg bei Polch

Drei Streifzüge in der Osteifel

soll bei der Jagd versehentlich seinen Bruder erschossen haben und anschließend diese Kapelle als Sühneakt gebaut haben.

Wir fahren auf der Bahntrasse weiter und erreichen das Bahnhofsumfeld von Naunheim. Das Gebäude des rechts der Bahnlinie liegenden Hauptortes wurde 1977 komplett abgerissen, heute befinden sich Rastplätze sowie eine große Spielanlage unter schattigen Bäumen. Nun ist es nicht mehr weit bis zum Ende des Bahnradweges. Schon von Weitem können wir die markanten Kirchturmfassaden von Münstermaifeld ❸ ausmachen. Wer genügend Zeit und Fitness mitbringt oder per E-Bike unterwegs ist, sollte sich einen Abstecher in den mittelalterlich geprägten Ortskern nicht entgehen lassen. Hierzu folgen wir dem Verlauf der L 113, Bahnhofstraße, rechts etwa 700 Meter bergauf (Vorsicht: kein durchgehender Radweg!).

Zurück zur Bahntrasse können wir uns von den grün-weißen Wegweisern leiten lassen: Zunächst geradeaus in die Borngasse, am Wegende dann rechts in die Pilligertorstraße, vorbei an den Resten der Stadtmauer, an der kommenden Gabelung halb rechts, sofort leicht links in den Pilliger Weg, an der kommenden Kreuzung rechts die L 82 überqueren, dahinter links auf den Bahntrassenradweg, auf dem wir wieder bis Polch zurückfahren.

Bereits im 6. Jahrhundert ließ der damalige Trierer Erzbischof auf dem Fundament eines römischen Wachturms eine Kapelle errichten, an dessen Stelle seit dem 12./13. Jahrhundert die heutigen Wallfahrtskirchen St. Martin und St. Severus („Maifeldmünster") stehen. Sehenswert sind zudem die zahlreichen schmucken Fachwerkhäuser mit zum Teil schönen Innenhofanlagen.

Entschleunigungstour 10

Etappe 3: Ochtendung–Polch–Mayen und zurück
18 Kilometer, 200 Höhenmeter, 3 Stunden

Wer noch nicht genug gesehen hat und sich fit fühlt oder die Stichstrecke nach Münstermaifeld auslassen will, fährt ab dem ehemaligen Bahnhof Polch weiter in Fahrtrichtung Osten, leicht bergab und vorbei an der schön anzusehenden Parkanlage auf der Fläche der einstigen Gleisanlagen. An Werktagen verrät uns der Duft von Gebäck und Schokolade die Nähe der Großbäckerei Griesson – de Beukelaer, einer der größeren Arbeitgeber in der Region. In der Folge queren wir einige Straßen, nun geht es über eine wie mit einem Lineal gezogene Linie immer geradeaus. Diesen Umstand hat das Bundesland Rheinland-Pfalz genutzt, um hier eine Eichstrecke für Vermessungsgeräte aufzubauen. Elf Pfeiler, die nicht berührt werden sollen, sind millimetergenau eingerichtet und ermöglichen somit die Eichung von Streckenmessgeräten.

Schon nach kurzer Zeit sehen wir unser nächstes Etappenziel, Kerben. Die Bahntrasse führt jedoch nicht durch den Ort, sondern um Höhe zu gewinnen in einer Links-Rechts-Schleife um den Ort herum. Kurz vor dem Bahnhof lassen sich wiederum Skulpturen ❹ am Wegesrand bestaunen und am herausgeputzten Bahnhofsgebäude – heute Privatwohnung – zeigt uns eine Infotafel den Verlauf des hier zur Mosel abzweigenden Rhein-Mosel-Eifel-Radweges. Auf dem Scheitelpunkt hinter dem Ort (Höhe Kilometer 18,7) lohnt ein Blick auf die Vulkankuppen der angrenzenden Osteifel, und in der Folge können wir uns langsam entlang von Streuobstwiesen, später unter der Autobahn (A 48) hindurch nach Ochtendung rollen lassen.

Ganz unverhofft endet nach Passieren des Ortes die Strecke und geht in einen schmalen Pfad über. Kurz darauf stehen wir vor zugewucherten Gleisen, einem aufgelassenen Bahnhofsgebäude sowie veralteten Schranken und Signalanlagen. Bis weit in die 1980er-Jahre stapelten sich hier die Güterzüge, um die Lavaprodukte des nahen Steinbruchs in Richtung

Drei Streifzüge in der Osteifel

Koblenz zu transportieren. Heute fahren hier keine Züge mehr in Richtung Koblenz, dafür gibt es konkrete Planungen, den hier endenden Radweg weiter auf der Bahntrasse bis in das etwa 6 Kilometer entfernte Bassenheim und perspektivisch bis zum Rhein weiterzuführen.

Wer noch etwas in Ochtendung entdecken möchte, dem sei ein kurzer Abstecher bergab entlang der **Bahnhofstraße** empfohlen. Nach wenigen Metern liegt links neben einem Spielgelände ein **gallo-römischer Grabtumulus** ❺. In der Nähe befand sich eine **villa rustica**, ein großer Gutshof, dessen wohlhabende Besitzer sich dieses repräsentative Grabmal haben errichten lassen.

Die Rückfahrt nach Polch und anschließend nach Mayen erfolgt auf der gleichen Strecke wie die Hinfahrt, dabei lassen sich die bereits erlebten Sehenswürdigkeiten aus einer anderen Perspektive erleben. So wird die Rückfahrt zu keiner Zeit langweilig.

Römischer Grabtumulus in Ochtendung

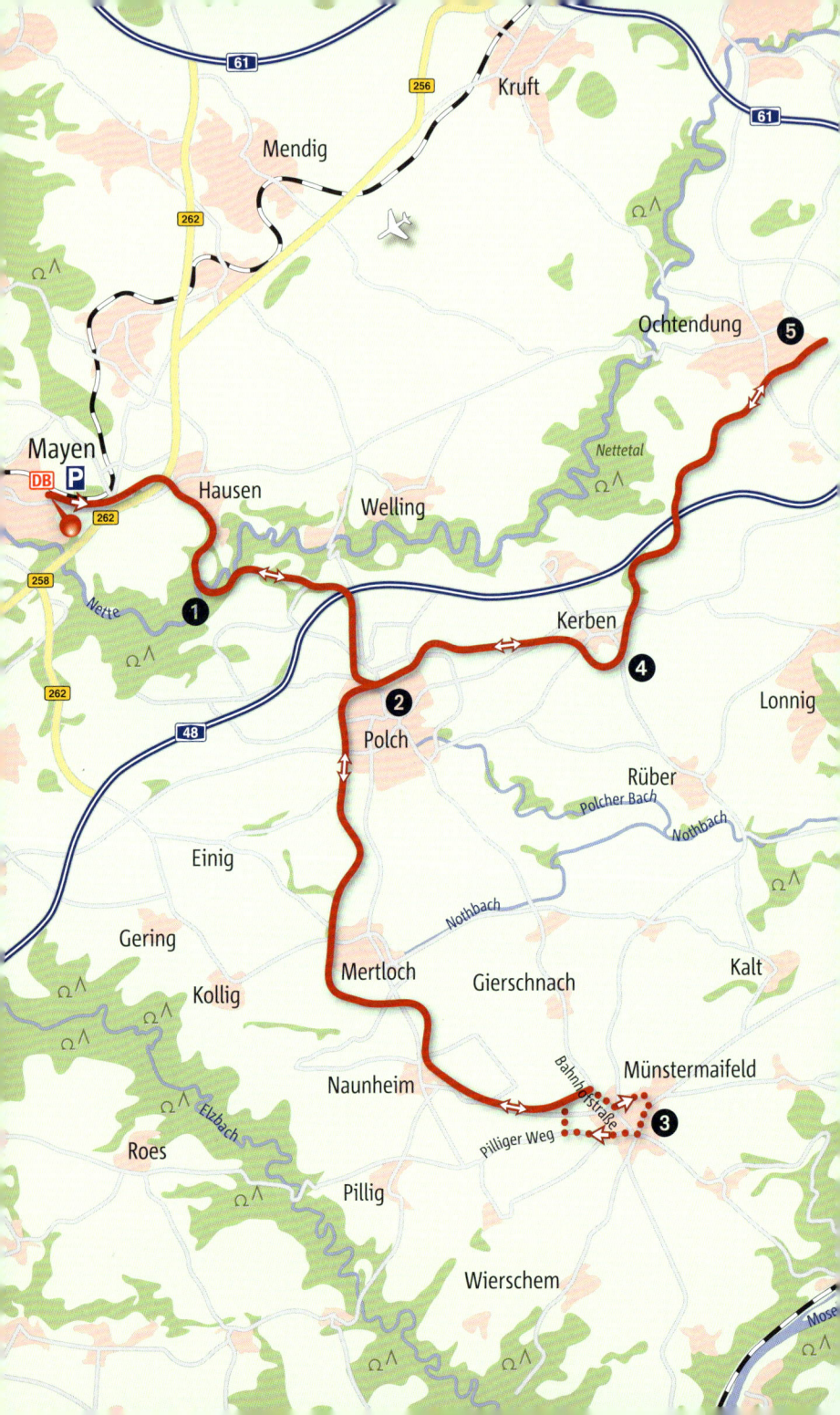

Alles auf einen Blick

WIE & WANN:
Durchgehend asphaltiert; beste Radelzeit Mai bis Oktober; ideal für Einsteiger, Kinder und Genussradler; ein E-Bike wird empfohlen bei Abstechern jenseits der Bahntrasse

HIN & WEG:
Start/Ziel: Bf Mayen Ost (GPS: 50.194243, 7.142260)
Auto: Parkplatz (P+R) vor dem Bf Mayen Ost
ÖPNV: RB 23, RB 38 (Lahn-Eifel-Bahn) aus bzw. in Richtung Andernach
Besonderheit: Ab dem Knotenpunkt Polch kann die Tour variiert, verlängert oder abgekürzt werden

ESSEN & ENTSPANNEN:
Polcher Bahnhof ❷ Am Bahnhof 5, 56751 Polch, Tel. (0 26 54) 9 64 54 40, www.alter-bahnhof-polch.de (Di.–Sa. 12–15 u. 18–21, So. 11–22 Uhr, Mo. Ruhetag)

Entspannung ✶✶✶✶✶
Genuss ✶✶✶✶✶
Romantik ✶✶✶✶✶

ENTDECKEN & ERLEBEN:
Nettetal-Viadukt ❶
Historischer Ortskern mit Stiftskirche St. Martin und St. Severus in Münstermaifeld ❸
Münsterplatz, 56294 Münstermaifeld, Tel. (0 26 05) 9 61 50 26, www.muenstermaifeld.de
Skulpturenweg bei Kerben ❹ 56295 Kerben
Gallo-römischer Grabtumulus ❺ 56299 Ochtendung, Bahnhofstraße/Zur Römervilla

Urftsee

❊ 36 Kilometer (ab Gemünd 30 Kilometer)
❊ 128 Höhenmeter
❊ 3 Stunden
❊ Streckentour

Erfrischungstour 11

Wenn wir für diese Fluss- und Seentour mit der Bahn anreisen, starten wir vom Bahnhof Kall und folgen zunächst rechts der rot-weißen Fahrradwegweisung durch die Ortsmitte, fahren geradeaus zum Kreisel, dort links und sofort wieder rechts in die Auelstraße. Nach einigen Hundert Metern passieren wir den Sportpark, kurz danach endet die örtliche Bebauung und vor uns öffnet sich das Tal der Urft, wo wir uns zunächst entspannt und autofrei an den bunten Sommerwiesen erfreuen können. Am Wegende in Höhe der Ortschaft Anstois biegen wir rechts ein, überqueren die Urft und das Gleis der saisonal verkehrenden Oleftalbahn, dahinter folgen wir dem Wegweiser und stoßen links auf einen Rad- und Gehweg. Dieser führt uns kurze Zeit später parallel zur Bundesstraße B 266, wo wir in einer Linkskurve die Straßenseite wechseln und kurz danach durch Mauel auf dem dortigen Rad- und Gehweg weiterfahren müssen. Wir passieren das Industriegelände des ehemaligen Walzwerks Poensgen nebst Fabrikantenvilla. Infotafeln über die dortigen Röhrenwerke dokumentieren die Bedeutung der Eisenverarbeitung in den Flusstälern der Region seit dem Mittelalter. In Höhe des Kreisels am Ortsbeginn von Gemünd halten wir uns zunächst noch geradeaus, verlassen dann in Höhe der Bushaltestelle die Bundesstraße und fahren links an der Trinitatis-Kirche vorbei, queren die Urft und erreichen die Mündung der Olef in die Urft. Hier geht es rechts durch die Fußgängerzone, das Radfahren ist hier nicht erlaubt.

Die Urft ist ein 50 Kilometer langer Nebenfluss der Rur. Sie entspringt in der Nordeifel bei Schmidtheim, fließt entlang der Eifel-Bahn-Strecke durch Nettersheim bis Kall, ab dort weiter nach Gemünd. Hinter Malsbenden wird der Fluss aufgestaut und mündet bei Rurberg in die Rurtalsperre. Der Urftsee bildet das Herzstück des Nationalparks Eifel.

Fahrt ins Blaue
Urftsee, Obersee und Rursee

Erfrischungstour 11

Wir schieben unsere Fahrräder durch die Fußgängerzone, die zu einer ersten kurzen Pause einlädt – entweder für einen Kaffee oder um sich für die restliche Etappe mit einem Appetithappen einzudecken. Am Ende des Fußgängerbereichs kommen wir zum Marienplatz; wer mit dem Auto anreist, hat an dieser Stelle die Möglichkeit, seinen Wagen abzustellen und ab hier die Tour zu beginnen.

Zunächst lohnt jedoch ein Abstecher zum Kurpark, den erreichen wir, indem wir bis zum Kreisel weiterfahren, dort rechts auf die Urftseestraße und nach wenigen Metern wieder rechts in die Kurhausstraße hineinfahren. An dessen Ende besteht die Möglichkeit, sich am dortigen Nationalparktor Gemünd ❶ erste Informationen über den Nationalpark Eifel zu besorgen – als Einstimmung für die nun folgende Etappe. Weiter geht es zurück zur Urftseestraße, auf diese fahren wir nun rechts hinein, am Ortsende von Malsbenden geht es vorerst ein letztes Mal über die Urft hinweg, und hinter dem Wendehammer heißt es für

Blick auf Vogelsang

Urftsee, Obersee und Rursee

den Kfz-Verkehr: Wir müssen draußen bleiben! Denn ab hier verläuft die Route durch den **Nationalpark Eifel.**

Auf der früheren Kreisstraße K 17 des ehemaligen Truppenübungsgebietes, das 60 Jahre lang für die Öffentlichkeit nicht zugänglich war, kann man heute lärm- und abgasfrei entlangradeln, dies garantiert landschaftlichen Hochgenuss. Links von uns fließt die Urft durch eine typische Auenwaldlandschaft, hier ist unter anderem der auf der Roten Liste stehende Eisvogel, ein geschickter Fischjäger, heimisch. Nach einigen Flussbiegungen der hier aufgestauten Urft gelangen wir zum Abzweig in Höhe der 2009 neu errichteten **Victor-Neels-Brücke** ❷. Wer genügend Zeit und Muße mitbringt, kann seine Fitness oder seinen E-Bike-Akku testen, um über die knapp 2 Kilometer lange Steigungsstrecke (bis 16 Prozent!) zur einstigen NS-Ordensburg und zum heutigen Bildungs- und Ausstellungszentrum **Burg Vogelsang** zu gelangen.

Ansonsten setzen wir die Fahrt entlang des Urftseeufers fort und können immer wieder Blicke auf die sich windende Urft werfen, bis nach einigen Biegungen **Burg Vogelsang** zu sehen ist, die mit ihren weitläufigen Bauten aus den Zeiten einer dunklen Vergangenheit über dem **Urftsee** thront.

Auf den weiteren Kilometern autofreien Genusses lassen sich je nach Tageszeit und Sonnenstand die im Nationalpark heimischen Mauereidechsen auf den Felsvorsprüngen entlang des Uferradwegs beob-

Der 2004 eröffnete Nationalpark Eifel ist der 14. Nationalpark in Deutschland und der erste in Nordrhein-Westfalen. Er umfasst knapp 11.000 Hektar Fläche. Als Leitpflanze gilt der vom atlantischen Klima geprägte Hainsimsen-Buchenwald, der sich bis heute in Teilen in der Nordeifel erhalten konnte und ursprünglich die gesamte Eifel und große Teile Mitteleuropas bedeckte.

 Für die Seele

Mitten im Nationalpark entlang an Flüssen und Stauseen lassen wir den Blick über das Wasser schweifen.

Erfrischungstour 11

achten, auch können wir immer wieder Blicke auf die von Traubeneichen gesäumten Uferbereiche am Urftsee werfen. Vorbei an der Haltestelle des Nationalparkshuttles (Wasserlinie) erreichen wir kurz danach die imposante Urftseemauer ❸. Hier lohnt in jedem Fall eine Pause, um die Aussicht diesseits und jenseits der Staumauer zu genießen. Diese Ausblicke waren vor gut 100 Jahren noch nicht möglich, denn erst ab 1904 wurde die Urft aufgestaut. Die Fertigstellung dieser Talsperre hatte Modellcharakter für viele weitere Talsperrenprojekte, weil ab dieser Zeit die Wasserwirtschaft (Trinkwasser, Hochwasserschutz, Energiegewinnung) immer wichtiger wurde.

Hinter der Urftseemauer mit einem Café geht es bergab und den Obersee entlang. Hier lassen sich bereits die Ausflugsschiffe der Rurseeflotte beobachten. Kurze Zeit später erreichen wir eine Gabelung, ab hier entscheiden wir uns für den ruhigeren Verlauf entlang der Südseite des Rurstausees und biegen rechts ein.

Der hinter dem Paulushofdamm liegende Rursee, der voll aufgestaut etwa 24 Kilometer lang ist und zum Wasserverband Eifel-Rur gehört, ist der volumenmäßig zweitgrößte Stausee Deutschlands. Rur-, Urft- und Oleftalsperre werden im Verbund betrieben und stellen etwa 265 Millionen Kubikmeter Wasser zur Verfügung. Heute ist der Rursee ein von Wassersportlern und Erholungsuchenden geschätztes Naherholungsgebiet. Im Gegensatz zur Norduferseite verläuft der nun folgende Abschnitt meist vom Ufer entfernt und gibt nur punktuell den Blick auf das Wasser frei. Dafür ist das Besucheraufkommen sehr gering. Man hat also die Strecke für sich und kann seine Gedanken schweifen und seine Seele baumeln lassen. An einigen Weggabelungen laden zudem Rastplätze und Ruhebänke zu einer Verschnaufpause ein, denn es geht häufig recht hügelig entlang des Uferseeradweges. Unterwegs fallen die Sonnenstrahlen durch den Wald und reflektieren von der

Obersee

Stauvorbecken Heimbach

Urftsee, Obersee und Rursee

Wasseroberfläche des Stausees; dieses Lichtspiel lässt uns die Nähe des Wassers erahnen. Gleichzeitig ist dieser Abschnitt ein Teil des Kermetergebirges ❹ (siehe auch Tour 12) und stellt ein Herzstück des Nationalparks Eifel dar.

In der Folge führt der Weg leicht bergan entlang des Seeufers, später vom Ufer weg und etwas spürbarer bergan. Zunächst bleiben wir auf dem Hauptweg, an der kommenden Gabelung halten wir uns rechts, nun geht es wieder etwas bergab, an der kommenden Gabelung in Höhe des Rastplatzes folgen wir dem Wegweiser links und in der Folge leicht bergab. Wir passieren eine kleine Hütte, anschließend einen weiteren Rastplatz, hinter dem es wieder leicht bergab weitergeht. Nach einer markanten Linkskurve fahren wir über den Eschbach hinweg und stoßen wieder an das Seeufer. Danach geht es etwas hügelig weiter bis zu einer Schranke, um die wir herumfahren.

Entlang des Urftseeuferwegs

Erfrischungstour 11

Hier, am Ende des etwa 8 Kilometer langen Waldstücks entlang des Rursees, stoßen wir auf den **Wanderparkplatz Büdenbach** und verlassen das Areal des Nationalparks. Nun ist es zunächst einmal vorbei mit der Ruhe und Beschaulichkeit, denn die nahe gelegene Staumauer lockt vor allem an Sonn- und Feiertagen zahlreiche Ausflugsgäste an. Nach Querung der Landstraße folgen wir den Wegweisern schwungvoll bergab und vorbei an der neu entstandenen Ferien- bzw. **Wochenendhaussiedlung Eifeler Tor;** die Kfz-Zeichen verraten uns die überwiegende Herkunft der dortigen Besucher. In der Talsohle angekommen führt unsere Route weiter entlang des **Stauvorbeckens Heimbach** ❺, mit 1,2 Millionen Kubikmetern Beckeninhalt die kleinste Talsperre entlang der Rur. Dafür lässt sich hier das sportliche Treiben am und auf dem Wasser beobachten.

Kurz danach passieren wir das bundesweit sicherlich schönste **Jugendstilkraftwerk** ❻ mit dem RWE-Industriemuseum. 1905 in Betrieb genommen, wird das Kraftwerk über einen 2,7 Kilometer langen, durch das Kermetergebirge verlaufenden Stollen mit Wasser aus dem Urftsee über ein Gefälle von 110 Metern versorgt. Wer entsprechend plant, kann eine Führung mitmachen; dabei erfahren wir unter anderem, dass 1975 die alten Turbinen und Generatoren durch zwei neue Aggregate ersetzt wurden und zwei dieser ausgedienten Maschinengruppen erhalten blieben.

Auf dem weiteren Weg immer entlang der Rur passieren wir eine Einkehrmöglichkeit, die **Terrasse am See** ❼. Wer also den Sonntagstrubel im nahe gelegenen Heimbach vermeiden will und lieber in Ruhe von der Terrasse seine Blicke über das Tal der Rur schweifen lassen möchte, dem sei bereits hier eine Einkehr empfohlen.

Es nicht mehr weit bis zu unserem Ziel, dem mittlerweile als Luftkurort anerkannten **Heimbach,** der auf seine Rurufer-Kneippanlagen und einen

Jugendstilkraftwerk Heimbach

Burg Hengebach

Urftsee, Obersee und Rursee

Kurpark verweist – gut geeignet für eine weitere Verschnaufpause. Bei Erreichen der Straßenkreuzung mit der Knotenpunkt-Nr. 71 auf einem roten Würfel oberhalb der Fahrradwegweiser müssen wir uns entscheiden:

1. Wer seine Tour abbrechen will und zum Bahnhof weiterfahren möchte, radelt geradeaus auf der Ortsstraße der L 218 weiter bis zum Kreisel, dort rechts und auf den Bahnhof Heimbach zu.

2. Wer sich immer noch fit fühlt oder mit einem E-Bike unterwegs ist, dem sei ein Abstecher rechts und etwa 300 Meter bergauf die Hengebachstraße (L 218) zur mittlerweile umfassend sanierten Burganlage Hengebach 8 empfohlen, denn von dort kann man weit ins Rurtal und auf das Staubecken Heimbach schauen – die Strecke, über die wir gekommen sind. Außerdem hält das dortige Burgrestaurant Kochkunst 8 leckere Flammkuchen zur Stärkung bereit, die wir uns nun wahrlich verdient haben!

In Heimbach prägen zahlreiche Fachwerkbauten das Ortsbild. Zu Beginn des 19. Jahrhunderts wurde durch die Säkularisation das nahe gelegene Kloster Marienwald aufgelöst. Von 1977 bis 1981 entstand eine größere Kirche. Neben dem Gnadenbild, einer Pietà, ist in der Clemens-Salvator-Kirche außerdem ein wertvoller Antwerpener Schnitzaltar zu bestaunen.

Nach dem Besuch der Burganlage und der Doppelkirche St. Clemens und St. Salvator 9, diese liegt auf dem Rückweg rechter Hand oberhalb der Teichstraße, gelangen wir nun bergab auf die Ortsdurchfahrt der L 218 (Vorsicht: kein Radweg!) am Ortsende hinter dem Kreisel zum Bahnhof Heimbach, in dem seit 2006 ein Nationalparktor angegliedert ist. Ab hier können wir entweder die Tour entlang der Rur fortsetzen (Tour 13), alternativ mit der Rurtalbahn die Rückfahrt antreten oder mit dem Nationalparkshuttle (Bus 231 Wasserlinie) mitsamt den Fahrrädern zurück zu unserem Ausgangspunkt nach Gemünd gelangen.

Liebhaber von Flammkuchen kommen im Burgrestaurant Kochkunst auf ihre Kosten. Egal, ob klassisch oder mediterran, auf kölnische Art, vegetarisch oder andalusisch – hier wird sicherlich für jeden der passende Flammkuchen dabei sein.

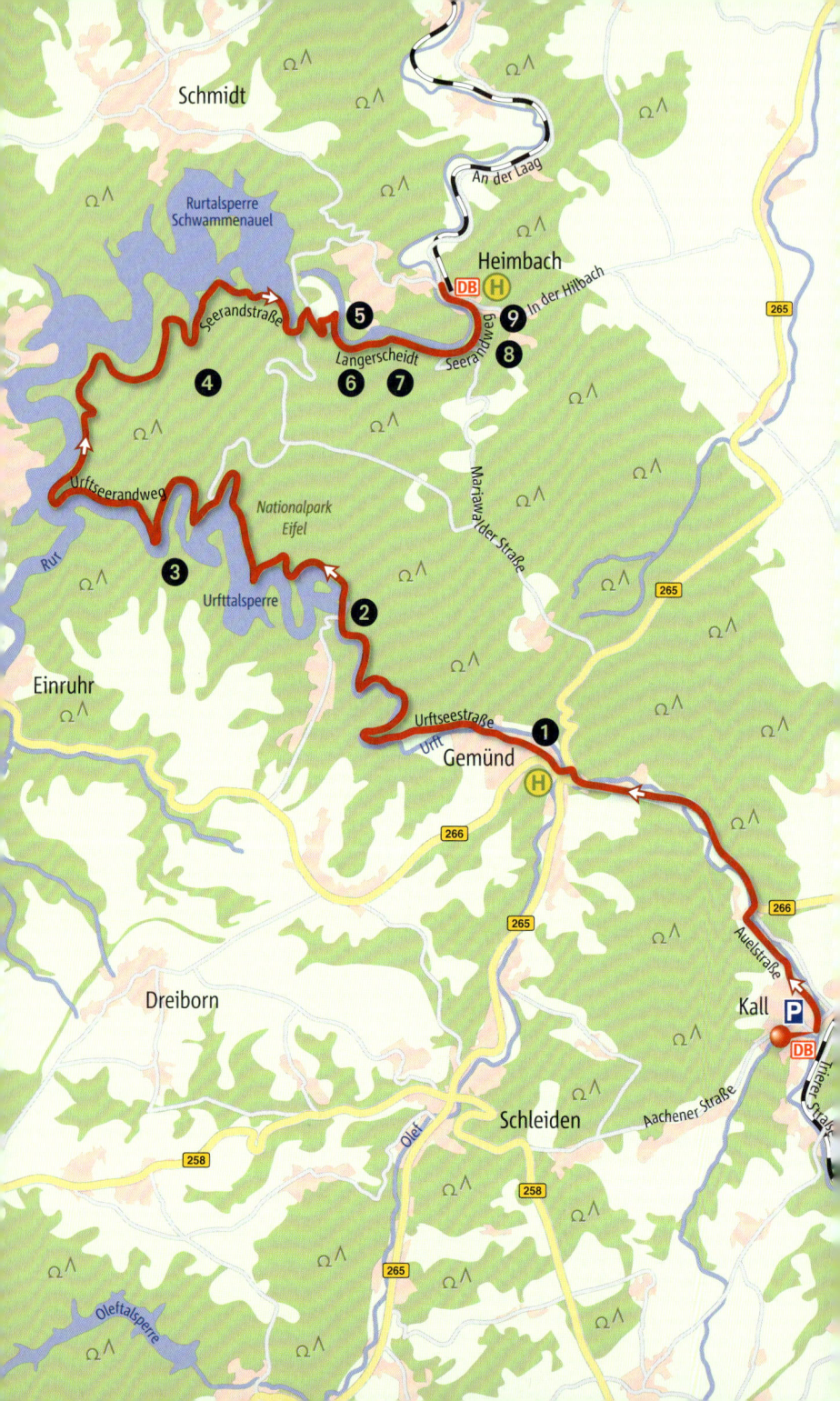

Alles auf einen Blick

WIE & WANN:
Überwiegend autofreie Route; beste Radelzeit zur Ginsterblüte ab etwa Mitte Mai sowie im Herbst; ideal für Einsteiger, Kinder und Genussradler

HIN & WEG:
Start: Bf Kall (GPS: 50.315966, 6.332957)
Auto: Park + Ride am Bf Kall, 53925 Kall
ÖPNV: RE 12, RE/RB 22 (Eifel-Express) und RB 24 (Eifel-Bahn) bis Bf Kall
Start bei Anreise mit dem Auto auch ab Gemünd möglich
(Parkplätze am Kurpark, Nähe Nationalparktor) (GPS: 50.342899, 6.295070)
Ziel: Bf Heimbach
Auto: Rückreise nach Gemünd: Mit dem Fahrradbus Linie 231 nach Gemünd
ÖPNV: RB 21 (Rurtalbahn)
Anschlusstouren: Tour 12 Rund um den Rursee (ab Paulushofdamm) sowie Tour 13 ab Heimbach

ESSEN & ENTSPANNEN:
Terrasse am See ❼ Am Schmalscheid 4, 52396 Heimbach, Tel. (0 24 46) 33 14, www.terrasse-am-see.de (tägl. geöffnet)
Burgrestaurant Kochkunst ❽ Hengebachstraße 48, 52396 Heimbach, Tel. (0 24 46) 2 20 99 54, www.flammkuchenburg.de (Mo. + Di. Ruhetag)

ENTDECKEN & ERLEBEN:
Nationalparktor Gemünd ❶ Kurhausstraße 6, 53937 Schleiden-Gemünd, Tel. (0 24 44) 20 11, www.nationalparktor.de **Victor-Neels-Brücke** ❷
Urftseemauer ❸ **Naturschutzgebiet Kermeter** ❹ **Stauvorbecken Heimbach** ❺
Jugendstilkraftwerk Heimbach ❻ Kleestraße, 52396 Heimbach-Hasenfeld, Tel. (0 24 46) 9 50 43 20
Burganlage Hengebach ❽ Mariawalder Straße 6, 52396 Heimbach
Katholische Pfarr- und Wallfahrtskirchen St. Clemens und St. Salvator ❾ 52396 Heimbach

Entspannung ✹✹✹✹✷
Genuss ✹✹✹✹✷
Romantik ✹✹✹✷✷

Rursee bei Woffelsbach

- 26 Kilometer
- 251 Höhenmeter
- 3 Stunden
- Rundtour

Erfrischungstour 12

Start ist am **Nationalparktor Rurberg** ❶ unmittelbar an der Staumauer, die den Freibadbereich des Eiserbachsees vom Rursee trennt. Wir halten uns zunächst rechts und fahren auf der linken Uferseite des Rursees weiter durch **Rurberg,** an der nächsten Kreuzung wieder rechts, später trotz Sackgasse nochmals rechts. Vor allem an sonnigen Wochenendtagen herrscht hier viel Tagestourismus. Dies merken wir bereits auf den ersten Hundert Metern entlang des Seeufers, hier sind die Außenterrassen der zahlreichen Cafés und Restaurants gut frequentiert.

Segelboote auf dem Wasser, Wassersportler, die markante Rurseeflotte sowie zahlreiche Ausflugscafés, Wochenendhäuser und Campingplätze prägen das Landschaftsbild um den Rursee. Endlich erreichen wir das erste Teilstück ohne Autoverkehr, doch bereits hinter dem Yachthafen am Campingplatz müssen wir den Uferbereich verlassen und bergauf **(Hövel)** in den Ort hineinfahren. Am Ende der **Wiesenstraße** müssen wir links abbiegen, anschließend wieder (Knotenpunkt-Nr. 22) rechts in die **Woffelsbacher Straße** und später auf dem Radweg entlang der **L 128** weiterfahren. In **Woffelsbach** verlassen wir die Landstraße und biegen scharf rechts ein, um in einer Serpentine ortsabwärts den Hauptort zu erreichen. Ins Auge fällt hierbei die **St. Wendelinuskapelle,** die mit ihrer hellen Außenfassade einen optischen Kontrast und Ruhepol zum schon von Weitem auszumachenden Treiben auf dem Rursee bildet.

Botanische Perlen
Rund um den Rursee

Erfrischungstour 12

Unser weiterer Verlauf führt bergab über die Wendelinusstraße. Ab dem Segelhafen geht es ein kurzes Stück bergauf (Kirschberg), danach halten wir uns rechts (Im Zemmer). An der kommenden Gabelung (Knotenpunkt-Nr. 21) fahren wir durch die Schilsbachstraße, in der Folge am Seeufer entlang. Hinter dem Campingplatz geht es kurz bergauf, an der nächsten Gabelung rechts, und an der kommenden Gabelung noch einmal halbrechts, um eine Schranke herum und der Fahrradwegweisung folgend am Nordufer des Seeweges. Mit dem letzten Anstieg haben wir auch den Autoverkehr hinter uns gelassen, der entlang der kommenden Etappe tabu ist. Allerdings ist der Uferweg nicht mehr asphaltiert und weist in der Folge einige kürzere Steigungen und Gefällstrecken auf.

Am Rursee

Rund um den Rursee

Der Weg ist jedoch recht gut ausgeschildert und erlaubt uns entlang des Ufers des Öfteren schöne Ausblicke auf den Rursee und später zurück auf Woffelsbach. Wie es hier wohl vor dem Aufstau der Rur zum heutigen Stausee ausgesehen haben mag? Ohne Zweifel hat die Bändigung der Eifelflüsse Urft und Rur der gesamten Region wirtschaftliche, später auch touristische Impulse geliefert. Das soll jedoch den insgesamt hohen Naturerlebniswert entlang des Rursees nicht schmälern.

Hinter einem Campingplatz führt der Weg wieder etwas bergan, wir folgen weiterhin den Wegweisern entlang des Hauptweges und fahren später um eine Schranke herum, dahinter wieder bergab. Später geht es erneut bergan bis zu einer Straße, die in Höhe **Eschauel** auf einen Parkplatz stößt; hier liegt auch eine **Anlegestelle** der Rurseeschifffahrt sowie ein **Strandbad** mit Einkehrmöglichkeit. Eine Besonderheit sind die (Halb-)Inseln **Eichert** und **Eschauel**, die je nach Wasserstand auch zu Fuß zu erreichen sind. Hier besteht die Möglichkeit einer Pause, entweder zum Baden oder zur Einkehr im dortigen Beachclub für eine durstlöschende Schorle oder einen Kaffee. Die Route führt nun bergab, in der Folge begleiten uns einige markante Felshänge mit ihrer charakteristischen Ausformung.

Neben den bizarren Felsformationen sticht die hier vorherrschende Vegetation ins Auge. An den Felsen konnten sich Flechten ausbreiten, weitere typische Pflanzenvertreter sind je nach Hanglage Farne oder

Typische Gesteine in der Region der Nordeifel sowie im Gebiet des Nationalparks Eifel sind Tonschiefer und Grauwacken aus der Devonzeit vor rund 400 Millionen Jahren (zum Vergleich: die Erde existiert seit etwa 4,6 Milliarden Jahren). Geprägt wurde die heutige Mittelgebirgsregion durch die Phase der Gebirgsfaltung, dem variskischen Faltengebirge, vor rund 350 Millionen Jahren.

 Für die Seele

Den See im Blick – eine Entspannungstour am Wasser entlang.

die Mauerraute bzw. Dickblattgewächse wie Mauerpfeffer oder die Felsen-Fetthenne. Ständiger Begleiter entlang des Rundweges ist jedoch die Eiche. Hier entlang der trockenen Felspartien bestimmt die Traubeneiche das Landschaftsbild, fast scheint es so, als wüchse sie verkrüppelt auf dem blanken Felsen empor. Ihre Eicheln sieht man bei genauerem Hinsehen auf extrem kurzen und kaum sichtbaren Stielen nahe am Zweig.

Nach diesen geologischen und botanischen Streifzügen widmen wir uns während der Weiterfahrt den Ausblicken auf die Wasserfläche des Rursees, legen ein paar Pausen ein und erreichen nach einiger Zeit Schwammenauel. Neben den zahlreichen Bootsstegen und der Anlegestelle der Rurseeflotte können wir einen Blick auf das mächtige Bauwerk des Staudamms Schwammenauel richten; im unmittelbar an der Strecke

Rurseehafen in Schwammenauel

Uferweg

Blick vom Staudamm auf das Stauvorbecken Rur

Rund um den Rursee

gelegenen **Restaurant Der Seehof** ❸ kann man sich auf der Außenterrasse eine Erfrischung oder gar eine Mahlzeit gönnen, bevor wir den Uferweg verlassen, die **L 15** überqueren und auf der linken Straßenseite auf dem dortigen Radweg weiterfahren. Hier von der Ostseite des Staudamms lässt sich ein Blick auf das tiefer liegende Stauvorbecken der Rur (Staubecken Heimbach, siehe auch Tour 11) werfen.

Entlang der Landstraße in und um den Staudamm herrscht entsprechend viel Ausflugsverkehr, umso erleichterter biegen wir nach einigen Hundert Metern am **Wanderparkplatz Büdenbach** rechts ein, fahren einmal quer über den Parkplatz und erreichen in der Folge den Seerandweg des Rursees, nun auf der Südseite (siehe auch Tour 11). Wir sind jetzt auf dem Areal des Nationalparks Eifel, in dessen Mittelpunkt der **Kermeter** ❹ liegt. Der Kermeter, ein etwa 36 Quadratkilometer großes, zusammenhängendes Bergwaldgebiet, ist heute Teil des Nationalparks Eifel.

Zwar haben wir nach Passieren der Schranke wieder keinen glatten Asphalt unter unseren Reifen, doch dafür kehrt schlagartig Ruhe entlang des Seerandweges ein. Auch wenn sich nach wenigen Hundert Metern auf dem Hauptweg die Wasserfläche des Rursees nur von Weitem ausmachen lässt, tut dies unserer Stimmung keinen Abbruch. So lassen sich die insgesamt etwa 8 Kilometer auf der Südseite des Sees entspannt radeln, allerdings mit einigen kurzen Steigungen. Wir folgen dem Verlauf des Hauptweges und orientieren uns an den Fahrradwegweisern. Von Zeit zu Zeit gelingt uns ein Blick auf den Rursee mit seinen markanten Halbinseln.

Unterwegs passieren wir einige Unterstell- und Rastplätze, auch gibt es nach etwa der Hälfte der Süduferetappe einen Hinweis auf die Schiffsanlegestelle „Kermeterufer". Wer möchte, kann also in Höhe des **Rastplatzes Ramsau** rechts zum Seeufer fahren und einen Teil der Etappe auf dem Wasser zurücklegen. Ansonsten bleiben wir auf dem Hauptweg und genießen die

Erfrischungstour 12

durch die Bäume fallenden Sonnenstrahlen. Nach einer Weile führt in Höhe des Rastplatzes Weidenauel unsere Route bergab, an einer Verzweigung halten wir uns rechts und gelangen bergab rollend wieder an das Ufer des Rursees heran, kurze Zeit später stoßen wir an eine größere Weggabelung. Die vielen Spaziergänger, Radfahrer und Wanderer sind ein Hinweis, dass wir uns der Staumauer am Paulushof nähern; hier legt die Rurseeflotte an, die ihre Passagiere zu den Schönheiten der Landschaft entlang des Obersees ❺ bringt (siehe auch Tour 11).

Wir biegen an der Gabelung rechts ab und fahren über den Paulushofdamm. Hinter dem Besucherparkplatz fahren wir nochmals rechts und queren den Staudamm zwischen Eiserbachsee und dem Rursee. Kurz danach gelangen wir zu unserem Ausgangspunkt unmittelbar am Nationalparktor Rurberg, wo unsere recht entspannende Radtour endet. Zum Ausklang der Tour kann man entweder in eines der vielen Cafés entlang des linken Seeufers einkehren oder im Sommer ein Bad im Eiserbachsee ❻ nehmen.

Der Rursee von oben

Auf dem Paulusdamm

Alles auf einen Blick

WIE & WANN:
Unmittelbar am Seeufer sowie ab Woffelsbach autofreie Route,
an den Seeufern meist kein Asphalt; beste Radelzeit von Mitte Mai bis Oktober;
wegen längerer, unbefestigter Streckenabschnitte empfiehlt sich ein
geländetaugliches Fahrrad; ideal für Genussradler; für Gelegenheitsradler
empfiehlt sich ein E-Bike

HIN & WEG:
Start/Ziel: Nationalparktor Rurberg (GPS: 50.362378, 6.225413)
Auto: Nationalparktor Rurberg (dort auch Vermietung von Fahrrädern bzw. E-Bikes),
Parkplätze unmittelbar am Nationalparktor oder entlang der Straße zwischen
Eiserbachsee und Paulushofdamm
ÖPNV: Kein regelmäßiges Angebot

ESSEN & ENTSPANNEN:
Restaurant Der Seehof ❸ Schwammenauel, 52396 Heimbach, Tel. (0 24 46) 5 44
www.derseehof.eu

ENTDECKEN & ERLEBEN:
Nationalparktor Rurberg/Rursee Touristik GmbH ❶ Seeufer 3, 52152 Rurberg,
Tel. (0 24 73) 9 37 70, www.nationalparktor.de (hier auch Vermietung von E-Bikes)
Beach Club Eifel ❷ Eschaueler Weg 99, 52385 Nideggen-Schmidt,
Tel. (01 51) 22 31 50 83, www.simmerath.de
Kermeter ❹
Paulushofdamm/Obersee ❺ 52152 Simmerath-Rurberg
Naturbad Eiserbachsee ❻ Seeufer 3, 52152 Simmerath-Rurberg,
Tel. (0 24 73) 9 37 70, www.simmerath.de

Entspannung ✸✸✸✸✸
Genuss ✸✸✸✸✸
Romantik ✸✸✸✸✸

Erfrischungstour 13

Wir starten am **Bahnhof Heimbach** mit seinem angegliederten **Nationalparktor** ❶ (siehe auch Tour 11), nutzen am Kreisel rechts die Ausfahrt in Richtung Hausen, hierbei muss man sich auf wenigen Metern die Fahrbahn mit dem Autoverkehr teilen, bevor es nach Querung der Rur rechts über einen ruhigen Nebenweg, zunächst am Freibad vorbei, links auf den Radweg neben der **L 249** nach **Hausen** geht. Schon zu fränkischer Zeit (6./7. Jahrhundert) muss es hier eine Gründung gegeben haben. Die am Ortseingang liegende und noch bewohnte mittelalterliche Burganlage stammt aus dem 14. Jahrhundert und diente vor allem der Sicherung der Wege entlang der Rur.

Nach Querung der Gleise und der Rur in die linke Fahrtrichtung erwartet uns ein kurzer, aber kräftiger Anstieg, an dessen Scheitelpunkt wir einen tollen Ausblick auf die **Buntsandsteinfelsen im Rurtal** ❷, Juffersley, Breidelsley und Engelsley, haben. Auf den meist zerklüfteten Felsen wachsen Eichen und Birken, sie bieten Greifvögeln sichere Nistmöglichkeiten. Neben den Turm- und Wanderfalken ist hier auch der Uhu heimisch. Ein Teil der Felsen steht mittlerweile unter Naturschutz, der Klettersport wird inzwischen streng reguliert.

Nach diesen tollen Aussichten geht es nun bergab nach **Blens,** eine Kapelle in Bruchsteinbauweise sowie eine Burg mit Ursprüngen aus dem 12. Jahrhundert liegen an der Route. Wir folgen der gut ausgeschilderten Fahrradwegweisung durch den Ort und nach

Die Rur ist ein etwa 160 Kilometer langer Fluss, der im Hohen Venn auf belgischem Territorium entspringt, als typischer Mittelgebirgsbach durch die Nordeifel fließt, wo in seinem weiteren Verlauf Staubecken und Talsperren das Wasser aufnehmen. Ab Kreuzau verlässt er die Eifel und verzweigt sich in Nebenarme bzw. Mühlengräben, bevor er bei Roermond in die Maas mündet.

Das Wahrzeichen des Eifelörtchens ist Burg Hengebach. Schon im 11. Jahrhundert wird diese Ringburganlage erwähnt. Im Laufe der Jahrhunderte mehrfach zerstört, wurde die Burganlage wiederhergestellt und beherbergt eine Fortbildungseinrichtung sowie ein Restaurant. Die Anlage ist frei zugänglich und bietet bei schönem Wetter tolle Blicke in die nähere Umgebung.

Natürliche Oase
Eine Flussfahrt entlang der Rur

Erfrischungstour 13

erneuter Querung von Gleis und Fluss geht es in der Folge links auf einem Radweg neben der Landstraße L249 bergan, am Scheitelpunkt der Anhöhe zeigen uns die rot-weißen Pfeile den Weg links nach Abenden. Die Route verläuft nun bergab, in der Ortsmitte kurz vor Querung der Rur rechts und es geht auf dessen Ost-, später Nordseite weiter. Nach einem scharfen Wegeknick rechts führt unsere Route nun spürbar bergan, linker Hand lässt sich ein markantes, buntsandsteinfarbenes Bauwerk ausmachen: Burg Nideggen.

An der kommenden Kreuzung halten wir uns links und in der Folge bleiben wir in Hanghöhe, wobei sich links von uns ein schöner Blick über die Ruraue werfen lässt. Im Frühsommer bildet der gelb sprießende Raps einen tollen Kontrast zum benachbarten Grün der blühenden Bäume und Sträucher sowie dem roten Sandsteinbau der Burg Nideggen auf der Ostseite oberhalb des Rurtals. Milane und Bussarde nutzen die Thermik der mittäglichen Sommersonne und ziehen ihre Kreise. Kurz vor Brück ist es zunächst vorbei mit der Ruhe und Beschaulichkeit der Rureifel. Am Wegende biegen wir links auf die

Buntsandsteinfelsen bei Hausen

Eine Flussfahrt entlang der Rur

Landstraße L 11 ein, deren Fahrbahn wir uns mit dem Autoverkehr teilen müssen, am Kreisel geht es rechts weiter am Haltepunkt Brück vorbei, erst kurz vor Überquerung des Bahngleises – Vorsicht: Der Wegweiser ist hier nur schwer zu erkennen! – können wir nach rechts die Landstraße verlassen, um auf einem schmalen, nicht asphaltierten Weg parallel zur Bahn weiterzuradeln. Nach Unterquerung der Bahn fahren wir über den dortigen Parkplatz und erreichen den **Nationalpark Infopunkt Zerkall** ❸. Der Rastplatz am Eingangsbereich des Infopunktes bietet sich für eine Verschnaufpause an. Hier im Mündungsbereich des Nebenflusses Kall befindet sich das nördlichste von insgesamt sechs Nationalparktoren, da bis hierhin das auf der Westseite der Rur liegende Waldgebirge Teil des Nationalparks Eifel (siehe auch Tour 11) ist.

Über eine gut ausgebaute Rurüberquerung parallel zur Bahnlinie und anschließend in einer Links-Rechts-Schleife geht es weiter zum **Gut Kallerabend.** Anschließend sehen wir links der Strecke ein Marienbild inmitten des uns begleitenden Hangwaldes, nun geht es an der kommenden Gabelung in Höhe von **Gut Neuenhof** dem Wegweiser folgend halbrechts weiter und ein Stück bergan entlang einer Pferdekoppel, dahinter wieder zurück ins Tal der Rur. Nach nochmaliger Querung der Rur und des Bahngleises der Rurtalbahn haben wir auf unserer Strecke den letzten Anstieg vor uns: Wir genießen daher ein letztes Mal die Hügellandschaft mit ihren Feldern und Hangwäldern abseits des Rurtals, bevor wir uns hinab vorbei

Burg Nideggen wurde gegen Ende des 12. Jahrhunderts auf einem Buntsandsteinfelsen erbaut. Sie zählt zu den größeren mittelalterlichen Burgen in der Region. Im 13. und 14. Jahrhundert diente die Burg als bevorzugte Residenz der Jülicher Landesherren und wurde zu einer uneinnehmbaren Festung ausgebaut. Heute beherbergt sie ein Burgenmuseum.

Für die Seele

Blühende Wiesen, imposante Burgen und markante Felsen säumen unseren Weg entlang der Rur.

am Friesengestüt Gut Mausauel in Richtung Obermaubach rollen lassen, begleitet vom Staubecken Obermaubach, der letzten Staustufe der Rur im Talsperrensystem (siehe Tour 11). Das Wasser wird in den Unterlauf in der Regel über ein Wasserkraftwerk abgegeben, wobei ein kleiner Teilstrom das Dammbauwerk mäandrierend als Fischtreppe umgeht.

Nach Passieren des Biergartens unmittelbar an der Route und dem Haltepunkt überqueren wir erneut das Bahngleis und orientieren uns im weiteren Verlauf den Wegweisern folgend im Zickzackkurs durch die Aue; nach Überqueren des Parkplatzes geht es rechts und parallel zur dortigen Landstraße weiter bis Untermaubach. Die Landschaft ändert nun ihren Charakter vom Mittelgebirge zur Talaue. Nicht ohne Grund hatte man wohl seinerzeit hier eine Burg errichtet, um Wegezoll für die entlang der Rur ziehenden Händler und Kaufleute zu erheben. Die aus dem 12. Jahrhundert stammende Turmhügelburg Untermaubach ❹ erhebt sich unmittelbar am Ortsrand links der Route. Im Ort selbst stehen noch viele Fachwerkhäuser im fränkischen Stil.

In Höhe der Burg knickt unsere Route scharf rechts ab, danach geht es über eine kleine Betonbrücke, dahinter rechts und weiter zwischen dem Mühlengraben und der Rur. Nun tauchen wir ein in einen dichten Auenwald, der uns an heißen Sommertagen genügend Schatten spendet, begleitet vom stetigen Plätschern der Rur. Der Mühlengraben parallel zum Hauptfluss wurde seinerzeit angelegt, um für die Mühlenwerke einen kontinuierlichen und besser kontrollierbaren Zufluss an Wasser zur Energiegewinnung zu gewährleisten. Kurze Zeit später müssen wir links erneut die Rur überqueren, in Höhe des Bahnhofs Untermaubach links auf einem unbefestigten Weg zwischen Bahn und Rur weiterfahren. Vor der kommenden Unterführung verlassen wir vorerst die Ruraue und folgen dem Wegweiser halbrechts, dann rechts in den Brückenweg, dahinter links Rauvsauel. Der

Burg Untermaubach

Allee im Dürener Stadtwald

Eine Flussfahrt entlang der Rur

asphaltierte Zufahrtsweg führt uns später durch eine Campinganlage, an der kommenden Gabelung folgen wir dem Wegweiser nach links weiter durch das Campinggelände, nun wieder inmitten der Ruraue. Am Wegende geht es links über die Rur hinweg, dahinter rechts, in Höhe *Üdingen* überqueren wir am Knotenpunkt 1 der Radwegweisung die dortige Landstraße.

Wir verlassen erneut den uns bisher begleitenden Auenwald und fahren nun über eine offene Landschaft weiter. An der Gabelung am Wegende halten wir uns rechts, die Route schwenkt in einer Linkskurve wieder hin zur Rur. Über eine Brücke mit zwei Betonhöckern (Vorsicht: besser absteigen!) überqueren wir abermals die Rur und orientieren uns in Höhe der Schutzhütte (Rastplatz) wieder inmitten der Ruraue nach links, nun entlang der rechten Uferseite. In Höhe *Kreuzau* (Knotenpunkt 2) unterqueren wir zunächst die dortige Straße, fahren am Kombibad vorbei, dahinter rechts über die *Schulstraße,* an der Kreuzung in Höhe des Gymnasiums links *An der Tuchbleiche* (geradeaus geht es zur Einkehr zu *Leo's Brauhaus* ❺), später am Wegende folgen wir der Wegweisung rechts und fahren weiter entlang der Rur.

Neben dem Charakter der Auenlandschaft hat sich nun auch die Bebauung entlang des Flusses geändert. Auch wenn heute nicht mehr alle Mühlen und Industriewerke existieren, so zeugen die Straßennamen von der einstigen Funktion und Bedeutung für die Region: Nicht ohne Grund nennt man diese Gegend südlich von Düren auch „kleines Rurgebiet".

Anschließend verzweigen die Wege mehrmals, zunächst folgen wir der Pfeilwegweisung halblinks, queren kurze Zeit später die Straße *Friedenau* (Vorsicht!), kommen an einem Fabrikgelände vorbei, orientieren uns an der nächsten Gabelung wieder nach links, fahren am Sportplatz vorbei bis zur Kreuzung in Höhe einer Fußgängerbrücke.

Ab hier lohnt sich ein Abstecher rechts zum Schloss Burgau, daher verlassen wir den Ruruferweg

Erfrischungstour 13

Die einst umfangreiche Wasserburganlage, deren Anfänge auf das Jahr 1100 zurückgehen, wurde auf einer Motte errichtet. Der Wohnraum stammt aus dem Jahr 1530. 1676 erfolgte ein schlossähnlicher Ausbau der Hauptburg, 1730 der Umbau zu einer barocken Dreiflügelanlage. Nach starken Beschädigungen im Zweiten Weltkrieg wurde Schloss Burgau seit den 1970er-Jahren wieder aufgebaut.

rechts, queren das Bahngleis in Höhe des **Haltepunktes Tuchmühle,** und fahren zuerst links **Im Spich,** dann sofort wieder rechts in die **Von-Aue-Straße.** Nun weiter in Fahrtrichtung der Wegweisung folgend durch **Niederau** bis zur **L 249,** die wir vorsichtig überqueren, bevor es durch eine Schatten spendende Birkenallee in den Stadtwald geht. Hinter dem Parkplatz stoßen wir umgeben von einem Wassergraben auf **Schloss Burgau** ❻.

Heute dient die einstige Burg als Touristenattraktion und Veranstaltungsort. In der Hauptburg wurde eine Theaterschule eingerichtet. Im Winkelsaal sowie im Innenhof der Vorburg finden regelmäßig Konzerte und Feste statt. Das Ambiente der Burganlage ist zudem beliebt bei Hochzeitspaaren.

Dieser Abstecher hat sich wahrlich gelohnt, hier laden zahlreiche Ruhebänke, aber auch Liegewiesen sowie das Burgensemble selbst zu einer längeren Pause ein. Und begünstigt durch den Umstand, dass hier keine Autos entlangfahren dürfen, wirken die

Gut Weyern

Schloss Burgau

Erfrischungstour 13

Besucher selbst in Gruppenstärke nicht störend. Daher genießen wir die Ruhe vor allem jenseits der Wasserburganlage, schauen uns das Treiben der Enten und Rallen auf dem Wassergraben an und können sogar einzelnen Libellen bei ihrer Insektenjagd am Wassergraben zusehen.

Nach dieser längeren und wohlverdienten Pause setzen wir unsere Tour fort, zunächst radeln wir (hinter dem Parkplatz) den rot-weißen Wegweisern folgend links, dann in einem Rechtsbogen weiter, anschließend wieder links und entlang einer Schatten spendenden Ahornallee, an deren Ende wir links einbiegen und an der dortigen Wasserburganlage von **Gut Weyern** ❼ vorbeifahren. Im Gegensatz zur vorherigen Burganlage wirkt dieses aus dem späten Mittelalter stammende Anwesen recht verwunschen, dieser Eindruck wird durch die beiden schief stehenden Säulen an der Hofeinfahrt bestärkt. Leider kann das Anwesen nicht betreten werden, ein großes Gittertor unmittelbar an der Hauptauffahrt über dem Wassergraben hindert uns daran. Mit den Eindrücken dieser

Leopold-Hoesch-Museum

Eine Flussfahrt entlang der Rur

beiden markanten, jedoch in ihrer Außenwirkung völlig unterschiedlichen Wasserburganlagen setzen wir unsere Fahrt fort, queren kurz danach an der Ampel die L 249, queren in Höhe Haltepunkt Kuhbrücke das Bahngleis und stoßen erneut auf den Rurufer-Radweg, auf den wir rechts einbiegen.

Von hier ist es nicht mehr weit zu unserem Ziel, der Kreisstadt Düren. Etwa 300 Meter hinter dem Haltepunkt Annakirmesplatz verlassen wir den Rurufer-Radweg und orientieren uns an der Wegweisung rechts in Richtung Innenstadt.

Ein kurzes Stück geht es entlang einer stark befahrenen Straße auf Fahrradstreifen weiter, wir überqueren das Bahngleis, fahren anschließend rechts in die Rurstraße, an der kommenden Kreuzung links und weiter durch die Goethestraße, am kommenden Kreisel in Fahrtrichtung geradeaus weiter. In Höhe der Fahrrad- und Fußgängerampel überqueren wir die Straße und stehen kurz danach vor dem Leopold-Hoesch-Museum 8.

Bereits im 14. Jahrhundert war Düren eine bekannte Gewerbestadt. Hier wurden vor allem Eisen und Blei verarbeitet. Die Blütezeit der Dürener Textilproduktion lag im 18. Jahrhundert, so baute der Eifeler Unternehmer Johann Paul Schoeller zahlreiche Betriebe auf und 1742 gründete die Industriellenfamilie Hoesch südlich von Düren eine Eisenschneidemühle.

Nach Querung des Platzes passieren wir die Kirche, dort geht es rechts weiter. Wir ordnen uns links ein und biegen in die Weierstraße ab. In einem Linksversatz gelangen wir zum Markt (Knotenpunkt-Nr. 5), nun befinden wir uns mitten in der Dürener Innenstadt. Zunächst können wir links weiterfahren, danach in Höhe des Rathauses rechts durch die Zehnthofstraße, in der Folge weiter geradeaus, später die Schenkelstraße überqueren; wir verlassen nun den verkehrsberuhigten Bereich und fahren über die Gutenbergstraße weiter (Vorsicht: Linienbusverkehr!), diese macht später einen Knick nach rechts, an der kommenden Einmündung fahren wir links auf die Josef-Schregel-Straße, unterqueren die Eisenbahnbrücke und biegen dahinter rechts ein. Das Bahnhofsgebäude, ein Inselbahnhof aus dem Jahr 1841, blieb im Gegensatz zum Rest der Stadt Düren, die durch Bombenangriffe der Alliierten fast völlig zerstört wurde, größtenteils unversehrt; es ist heute eines der ältesten Bahnhofsgebäude bundesweit. Hier endet unsere erlebnisreiche Tour.

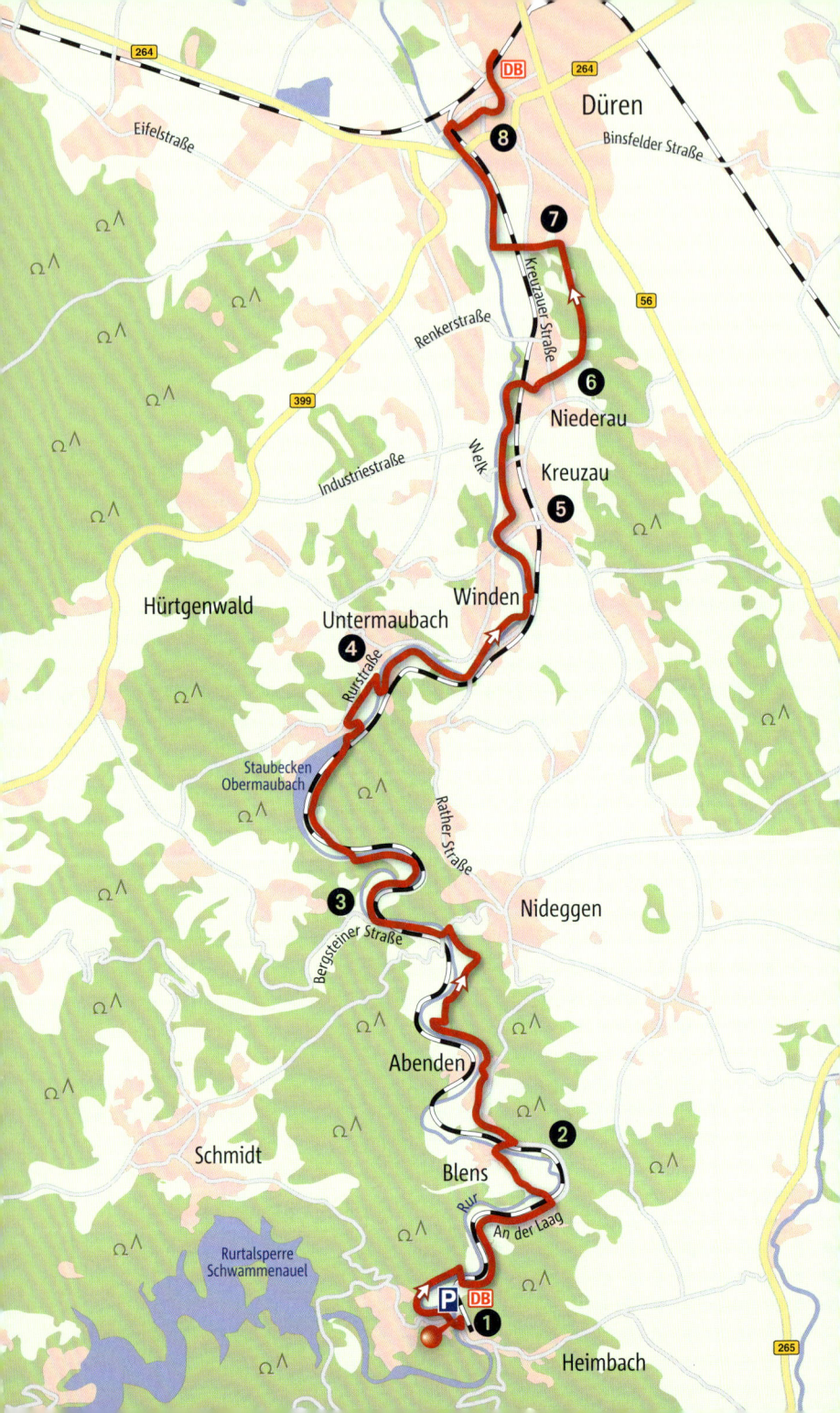

Alles auf einen Blick

WIE & WANN:
Überwiegend asphaltierte Straßen und Wege, abschnittsweise Waldwege; beste Radelzeit ab etwa Mitte Mai bis Oktober; wegen längerer unbefestigter Streckenabschnitte empfiehlt sich ein geländetaugliches Fahrrad; auch für Einsteiger, Kinder und Genussradler geeignet

HIN & WEG:
Start: Bf Heimbach (GPS: 50.38875, 6.282426)
Auto: Park & Ride am Bf Heimbach
ÖPNV: RB 21 (Rurtalbahn)
Ziel: Bf Düren
Auto: Rückreise nach Heimbach mit der Rurtalbahn RB 21
ÖPNV: RE 1, RE 9 (Richtung Köln und Richtung Aachen), RB 21 nach Heimbach, S 13, S 19 (Richtung Köln)
Besonderheit: Die Tour kann bei Bedarf in jedem Ort entlang der Rur abgebrochen werden, da parallel zur Strecke die Rurtalbahn zwischen Heimbach und Düren im Stundentakt verkehrt und auch Fahrräder mitnimmt.

ESSEN & ENTSPANNEN:
Leo's Brauhaus ❺ Teichstraße 47, 52372 Kreuzau, Tel. (0 24 22) 5 04 49 38, www.leos-brauhaus.de (Di.–So. ab 11.30 Uhr, Mo. Ruhetag)

ENTDECKEN & ERLEBEN:
Nationalparktor Heimbach ❶ An der Laag 4, 52396 Heimbach, Tel. (0 24 46) 8 05 79 14
Buntsandsteinfelsen im Rurtal ❷
Nationalpark Infopunkt Zerkall ❸ Auel 1, 52393 Hürtgenwald-Zerkall, Tel. (0 24 27) 90 90 26, www.infopunkt-zerkall.de; **Burg Untermaubach** ❹
Schloss Burgau ❻ Von-Aue-Straße 1, 52355 Düren-Niederau, Tel. (0 24 21) 2 23 19 37, www.kulturbetrieb.dueren.de (Mi., Sa. 14–18, So. 11–18 Uhr, Außenanlage ganzjährig geöffnet)
Gut Weyern ❼
Leopold-Hoesch-Museum ❽ Hoeschplatz 1, 52349 Düren, Tel. (0 24 21) 2 50, www.leopoldhoeschmuseum.de (Di.–So. 10–17, Do. 10–19 Uhr, Mo. Ruhetag)

Entspannung ✸✸✸✸✸
Genuss ✸✸✸✸✸
Romantik ✸✸✸✸✸

Die Kyll bei Densborn

- ❋ 26 Kilometer
- ❋ 232 Höhenmeter
- ❋ 3 Stunden
- ❋ Streckentour

Erfrischungstour 14

Vom Bahnhof **Gerolstein** aus starten wir am Bahnhofsvorplatz, ab hier führen uns die grün-weißen Fahrradwegweiser zielsicher abseits der Hauptverkehrsstraßen durch den Ort, also vom Bahnhof aus rechts und unter der Eisenbahnbrücke her, dahinter links und in Höhe der Buchhandlung rechts in den Kurpark hinein. Hier in **Gerolstein** siedelten schon Kelten und Römer, erste urkundliche Erwähnung fand der Ort jedoch im 12. Jahrhundert. Der Ortsname ist auch überregional geläufig, dies liegt allerdings an seinem Mineralwasser, das in der Nähe gewonnen wird. Schon nach wenigen Metern Fahrt durch den Park haben wir die Gelegenheit, unsere Getränkeflaschen aufzufüllen, denn aus der **Helenenquelle** ❶ sprudelt frisches Wasser, welches wegen seines hohen Kalzium- und Magnesiumgehaltes sehr bekömmlich schmeckt und vor allem an warmen Tagen wohltut.

Die Wegweiser leiten uns gut und sicher durch den Park, später entlang des Bahngleises der Eifel-Bahn. In der Folge queren wir zweimal die Kyll, bevor der autofreie Weg in einem Neubaugebiet von **Lissingen** leicht bergan führt. Wir fahren geradeaus auf die Kreuzung bis **Vor der Hardt,** queren die **Lissinger Straße** leicht links versetzt, danach geht es rechts und ein Stück talwärts in die Kyllaue. Hier lohnt eine kurze Pause und ein Blick zurück über die leuchtend gelben Rapsfelder auf die Gerolsteiner Dolomiten sowie vorgelagert den markanten Kirchturm der evangelischen Erlöserkirche.

Die Kyll ist mit über 130 Kilometern Länge der längste Fluss der Eifel. Er entspringt im Hohen Venn nahe der deutsch-belgischen Grenze und fließt in Nord-Süd-Richtung. Südlich von Kyllburg mäandriert die Kyll durch das dortige Buntsandsteingebirge, bevor sie bei Trier in die Mosel mündet.

Für alle Sinne
Entlang von Mineralquellen

Erfrischungstour 14

Der Weg führt kurz danach leicht links weiter, dann sofort wieder rechts und zur Lissinger Straße, am Wegende müssen wir in Höhe des Bahndamms eine 270-Grad-Schleife machen und bis zur Überführung weiterfahren, der Weg mündet schließlich auf den Radweg links der L 24, der uns getrennt durch eine Holzbarriere weiter in Richtung Birresborn führt. Nach einer Weile sehen wir auf der gegenüberliegenden Straßenseite den orange leuchtenden Pavillon der Lindenquelle ❷. Dieser Brunnentempel erinnert an den einst von namhaften Ärzten und Naturforschern so gerühmten Birresborner Sauerbrunnen, dessen Wasser weit über Europas Grenzen hinaus exportiert wurde.

Neugierig geworden machen wir auch hier den Geschmackstest. Verglichen mit dem Wasser aus dem Gerolsteiner Brunnen schmeckt das hiesige Quellwasser jedoch recht gewöhnungsbedürftig, also

Lindenquelle bei Birresborn

Entlang von Mineralquellen

wie ein Arzneimittel: Wenn es bitter ist, hilft es! Wir fahren zurück auf den Radweg links der Straße bis Birresborn, eine weitere kleine Gemeinde im Kreis Vulkaneifel, der sich bis vor gut zehn Jahren noch Kreis Daun nannte. Wie der Name verrät, war dieser Ort ein ehemaliger Wasserplatz; schon die Römer wussten diese Gunst für sich zu nutzen. In der Ortsmitte fahren wir links über die Kyll hinweg und dahinter rechts bis Mürlenbach. Schon von Weitem erkennt man die den Ort überragende Bertradaburg ❸, eine mittlerweile wieder restaurierte Anlage aus dem 13. Jahrhundert. Inzwischen kann man sich dort in Ferienwohnungen einquartieren.

Die nach der Mutter Karls des Großen genannte Bertradaburg liegt als Ruine einer Höhenburg auf einem Felssporn. Überlieferungen zufolge gab es schon zur Römerzeit ein Kastell und im 8. Jahrhundert im Kylltal einen Vorläuferbau der Bertradaburg. Nach wechselvoller Geschichte bis hin zum Verfall entstanden in den 1960er-Jahren Wohnhäuser am westlichen Burghang.

Mitten im Ort halten wir uns abermals links, queren Fluss und Bahngleis und biegen dahinter rechts ein. Kurz danach öffnet sich die Tallandschaft der Kyllaue, erste Ruhebänke und ansprechende Rastplätze mit Infotafeln zum Kyllradweg laden zu einer Pause ein. Vor allem bei klarem Himmel wirkt die Kyllaue mit ihren hell schimmernden Wiesen und Rapsfeldern, eingerahmt vom dunklen Grün der Hangwälder beiderseits des Flusses, sehr weitläufig. Kein Motorgeräusch stört dieses Idyll, so entspannend und entschleunigend wünscht man sich eine Flussradtour!

Nach einer Weile erreichen wir Densborn, dort queren wir die Meisburger Straße, und in der Ortsmitte fahren wird geradeaus weiter. Hinter der Ortschaft geht es wieder autofrei weiter durch die Talaue der Kyll, vorbei an Einzelgebäuden und Rastplätzen ent-

Für die Seele

Wir probieren das Wasser der Mineralquellen und genießen die Ruhe im Klostergarten entlang der Kyll.

Bertradaburg in Mürlenbach

Erfrischungstour 14

lang der Strecke. Wir genießen den Blick auf die Schönwetterwolken über der Aue und freuen uns über die frische Brise, welche bei warmen Temperaturen für eine angenehme Abkühlung sorgt. Über neu gebaute Brücken dieses zertifizierten Premium-Radweges queren wir die gemächlich dahinfließende Kyll, später erreichen wir die Rückseite des Bahnhofs Usch-Zendscheid. Nun wechselt die Wegführung zwischen Kyll, Landstraße und Bahngleis einige Male, später müssen wir auf die Fahrbahn der L 24 und einen kurzen Anstieg meistern, bevor es in Höhe des Rechtsknicks erneut links und abseits der Landstraße hinunter in die Kyllaue geht. Hier kehrt wieder Ruhe ein; unterwegs sehen wir eine Blindschleiche, die sich in der prallen Mittagssonne mitten auf unseren Radweg hingelegt hat.

Am Wegende erreichen wir abermals die L 24, auf die wir uns vorsichtig einfädeln und nun in die Ortschaft St. Thomas rollen. Nach wenigen Metern liegt rechter Hand hinter einer Mauer das Kloster St. Thomas ➍, welches dem Ort seinen Namen gab. Der Ort selbst wurde bereits im 10. Jahrhundert erstmals urkundlich als Erlesbura erwähnt. Das älteste Zisterzienserinnenkloster in Deutschland wurde um 1185 im schönen Kylltal gegründet und erhielt den Namen des 1173 heiliggesprochenen Erzbischofs Sankt Tho-

In der Klosterkirche St. Thomas

Entlang von Mineralquellen

mas. Wir fahren durch das schmucke Torhäuschen mit seinem markanten Walmdach. Heute ist die Klosteranlage nicht nur ein gern frequentierter Ruheort von Wanderern und Radfahrern, sondern auch für Stressgeplagte und Auszeitsuchende. Schon bei der Klostergründung entschied man sich für die Stille und Abgeschiedenheit der Kyllburger Waldeifel.

Entweder verweilt man in der geöffneten Klosterkirche oder man gönnt sich eine Ruhepause in der angrenzenden Gartenanlage auf einer der dortigen Ruhebänke. Das Wasser spielte in Klostergärten immer eine große Rolle, so befinden sich auch hier Brunnen und Teiche.

Nach dieser Tiefenentspannung radeln wir wieder aus der Torausfahrt hinaus, biegen rechts auf die Ortsdurchfahrt ein, folgen dem Linksbogen, überqueren im Schutze des St. Nepomuk die Kyll, um auf der linken Flussseite die Ortsdurchfahrt rechts über den **Flurweg** zu verlassen.

Nun haben wir die Route wieder für uns; über fluss- und bahnbegleitende, gut ausgebaute Wirtschaftswege geht es weiter flussabwärts. Hinter St. Thomas hat sich der Charakter der Flusslandschaft erkennbar verändert, die Kyll schneidet sich tief in das hier anschließende Sandsteingebirge der Südeifel ein und ändert häufig ihre Richtung.

Der Kylltal-Radweg führt uns nun in einigen Schleifen zunächst unter der Bahn hindurch, dann über die Kyll, anschließend gelangen wir rechts parallel zum Bahngleis. Bald darauf führt der Radweg zusammen mit dem Bahngleis durch den 180 Meter langen **Dechen-Tunnel,** an dessen Ende gelangen wir kurze Zeit später zum **Bahnhof Kyllburg,** dem Zielpunkt unserer Radtour. Wer noch im Ort einkehren möchte, muss hinter dem Bahnhof links über die Gleise fahren, unter anderem kann man bei passendem Wetter auf dem Balkon der **Restaurant-Pizzeria Bella Italia** ❺ am Kyll-Wasserfall die Tour ausklingen lassen.

Die Restaurant-Pizzeria Bella Italia ist ein Balkonrestaurant und begeistert mit ihrer Lage unmittelbar über dem Kyll-Wasserfall. Sie erfreut sich großer Beliebtheit und bietet typische italienische Küche.

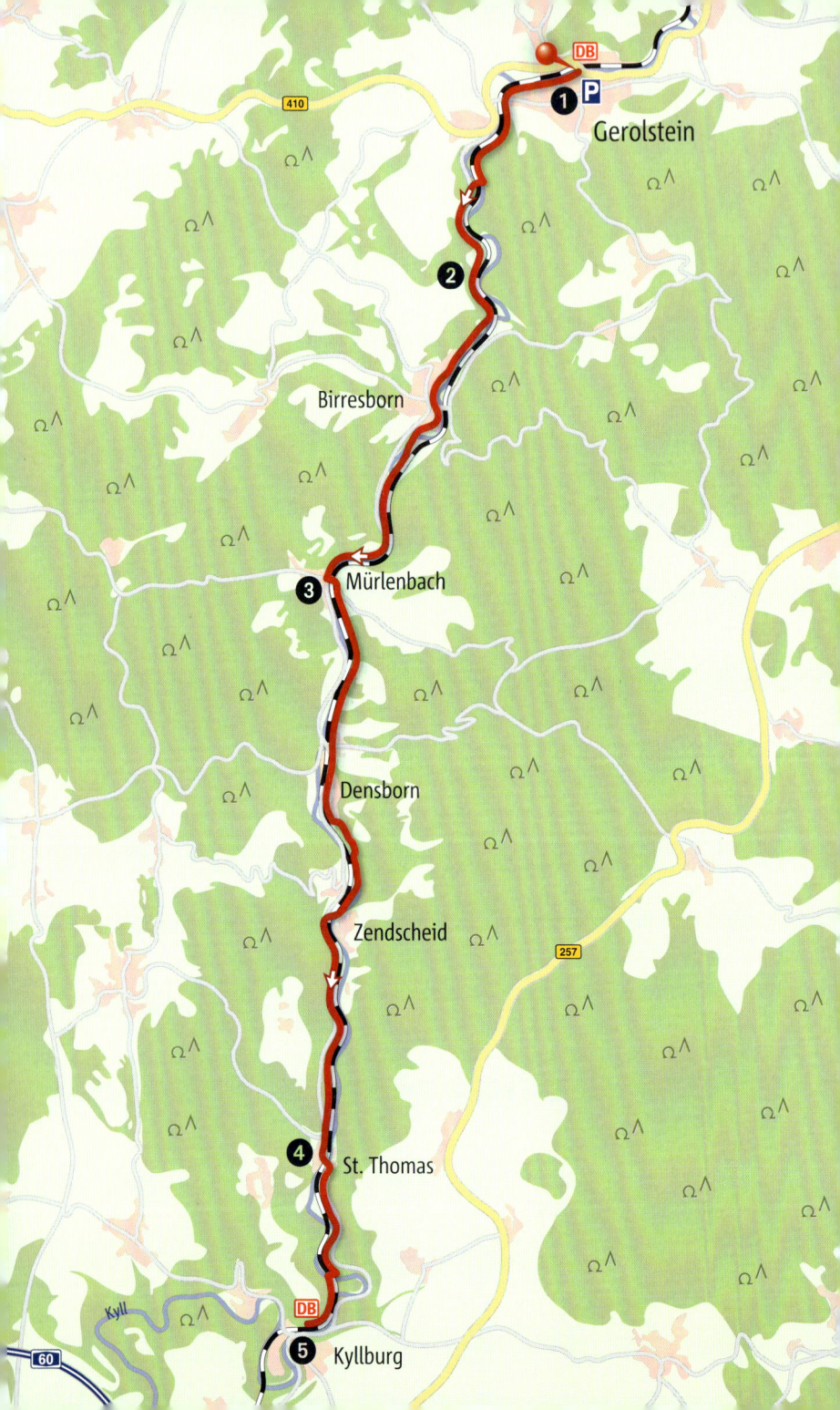

Alles auf einen Blick

WIE & WANN:
Überwiegend asphaltierte Straßen und Wege, abschnittsweise Wege mit wassergebundener Decke; beste Radelzeit Sommer und Herbst; ideal für Einsteiger, Kinder und Genussradler

HIN & WEG:
Start: Bf Gerolstein (GPS: 50.132534, 6.393554)
Auto: Parkplatz am Bf Gerolstein oder Tiefgarage
ÖPNV: RE 12, RE/RB 22 (Eifel-Express) aus Richtung Köln bzw. Trier
Ziel: Bf Kyllburg
Auto: Rückreise nach Gerolstein mit RE/RB 22 (Eifel-Express)
ÖPNV: RE/RB 22 (Eifel-Express) Richtung Köln bzw. Trier
Besonderheit: Die Tour kann bei Bedarf in jedem Ort entlang der Kyll abgebrochen werden, da parallel zur Strecke der Eifel-Express im Stundentakt verkehrt und Fahrräder kostenlos mitnimmt

ESSEN & ENTSPANNEN:
Restaurant-Pizzeria Bella Italia ❺ Bademer Straße 4, 54655 Kyllburg,
Tel. (0 65 63) 24 73, www.bella-italia-kyllburg.de (Do.–Di. 11.30–14 u. 17.30–23 Uhr, Mi. Ruhetag)

ENTDECKEN & ERLEBEN:
Helenenquelle in Gerolstein ❶ direkt im Kurpark, 54568 Gerolstein
Lindenquelle bei Birresborn ❷ direkt an der L 24 (Gerolsteiner Straße), 54574 Birresborn
Bertradaburg ❸ 54570 Mürlenbach
Kloster St. Thomas ❹ Hauptstraße 23, 54655 St. Thomas,
Tel. (0 65 63) 96 07 00, www.sanktthomas.de

Entspannung ✷✷✷✷✷
Genuss ✷✷✷✷✷
Romantik ✷✷✷✷✷

Entlang der Kyll

- ❋ 36 Kilometer
- ❋ 385 Höhenmeter
- ❋ 4-5 Stunden
- ❋ Streckentour

Erfrischungstour 15

Beim Start vom **Bahnhof Bitburg-Erdorf** fällt an der Ausfahrt des Bahnhofsvorplatzes eine Schwelle auf, die uns auf die geografische Lage des Ortes hinweist: Wir befinden uns exakt auf dem 50sten Breitengrad der Nordhalbkugel. Der Infotafel mit dem Verlauf des Kylltal-Radweges entnehmen wir unsere kommenden Zielpunkte entlang der landschaftlich reizvollen Etappe. Zuerst geht es vom Bahnhof aus gesehen rechts ein Stück entlang der Kreisstraße **K 87,** die wir bereits nach wenigen Hundert Metern am Ortsende verlassen können. Es geht nun aufwärts, doch dafür stören uns keine lärmenden Autos oder Motorräder. Schon nach wenigen Minuten können wir nicht nur die eintretende Ruhe genießen, sondern wir haben mit stetiger Höhe auch einen atemberaubenden Blick in die Umgebung auf die sich tief in das Gebirge einschneidende Kyll. So bekommen wir einen ersten Eindruck vom Charakter des Kyller Unterlaufs. Der Fluss windet sich durch die Auenlandschaft, doch nach einigen Kilometern müssen wir aufpassen: es geht ein kurzes Steilstück bergab (25 Prozent!); wer sich unsicher fühlt, wird hier wohl absteigen und die wenigen Meter bergab schieben.

Der kommende Streckenabschnitt führt uns über ruhige Wege weiter bis zu unserem ersten Etappenziel, **Hüttingen.** Hier in diesem 350-Seelen-Örtchen – es gehörte so wie die gesamte Region entlang der Kyll bis zum Ende des 18. Jahrhunderts zur Grafschaft Luxemburg – fallen einige Gebäude ins Auge, die

Stille Auenwälder
Auf dem Kyll-Radweg

noch aus dieser Zeit stammen, so zum Beispiel ein Wohnhaus mit markantem Treppengiebel oder die Filialkirche St. Antonius. Zwischen diesen beiden Gebäuden liegt eine geologische Rarität, der **Hüttinger Wasserfall** ❶. Der knapp 5 Meter hohe Hüttinger Wasserfall über Kalktuffgestein liegt in der Ortsmitte neben der Kirche und ist seit 1978 ein Naturdenkmal. Das Wasser ist heute noch trinkbar, da die Quelle aus einem ehemaligen Steinbruch und Waldgebiet stammt.

Wir nutzen die Gelegenheit, uns am heißen Sommertag an diesem erfrischenden Nass zu laben und setzen unsere Tour fort. Unmittelbar hinter der Kirche biegen wir rechts ein **Im Oth,** verlassen den Ort über die **Schulstraße** und gelangen auf einen Feldweg,

Wasserfall in Hüttingen

Auf dem Kyll-Radweg

der uns parallel zur uns ständig begleitenden Kyll sowie der Bahnlinie des Eifel-Expresses im Schatten des Auenwaldes ohne Autoverkehr bis nach **Phillipsheim** führt. Auffallend ist das aus Buntsandstein errichtete Bahnhofsgebäude der noch nicht einmal 100 Einwohner zählenden Ortschaft, gleichzeitig ein Hinweis für die Wichtigkeit der um 1870 erbauten Bahnlinie, um die Region zu erschließen.

Schnell passieren wir die wenigen Häuser und gelangen wieder in den Schutz des Auenwaldes. So können wir den Umstand genießen, dass die enge Lage eine systematische Erschließung mit weiteren Verkehrswegen verhinderte, die allermeisten größeren Ortschaften liegen auf der Hochfläche des Bitburger Gutlandes. Den Radtouristen bietet hingegen eine sehr gut präparierte Wegestrecke trotz einiger Knicks und Hügel ein zügiges und unbeschwertes Fortkommen mit garantiertem Naturerlebnis und meist ständiger Begleitung der dahinplätschernden Kyll.

Unterwegs zeugen einige zum Teil aufgelassene, zum Teil umgebaute Gebäude von der einstigen Erschließung des Kylltals, zunächst passieren wir ein stillgelegtes Sägewerk, später erreichen wir über den Waldweg den Weiler (Wohnplatz) **Speichermühle** ❷.

Neben dem mittlerweile umgebauten Mühlengebäude ist auch das Haus eines Fährmannes überliefert, welches gegen Ende des 16. Jahrhunderts erbaut wurde. Fest steht, dass der Besitzer dieses Hauses im 17. Jahrhundert eine Fähre betrieben hat. Der Wasserstand der Kyll muss zu dieser Zeit weit über dem

Die Speichermühle stammt aus dem Beginn des 16. Jahrhunderts. Neben der Getreidemühle waren dort außerdem eine Öl- und eine Schneidemühle, also ein Sägewerk, in Betrieb. Seit 1964 nutzt eine Turbine die Wasserkraft, hauptsächlich um Strom zu erzeugen, der in das Netz des regionalen Elektrizitätswerks eingespeist.

Für die Seele

Wir lassen uns von mystischen Auenwäldern, bizarren Felsen und einer mächtigen Burgruine entlang der Kyll verzaubern.

Erfrischungstour 15

Bahnhof Auw an der Kyll

Alle Bahnhofsgebäude entlang der Kylltalstrecke zwischen Trier und Gerolstein (eröffnet 1871) sind im gleichen Stil erbaut: jedes ein kleines Schlösschen aus heimischem Buntsandstein. Möglich wurde dies durch die unerwartete Begleichung der Kriegsschulden durch Frankreich an Deutschland nach dem Krieg 1870–1871 – in purem Gold.

heutigen Stand gelegen haben. Nach wenigen Hundert Metern erreichen wir den Ortsteil oder genauer den Wohnplatz **Bahnhof Speicher.** Das schon seit zwei Jahrtausenden dort hergestellte Steinzeug – Hauptort und Museum liegen östlich auf der Hochfläche – wurde im Mittelalter durch Kaufleute im Wandergewerbe nach Deutschland und in die Nachbarländer exportiert. Vermutlich werden die Händler die damalige Fähre genutzt haben, um nach Luxemburg zu gelangen.

Hinter dem markanten Bahnhofsgebäude verlassen wir die Kreisstraße und fahren geradeaus über dem Waldweg weiter entlang der Kyll. Die nun folgende Steigung können wir im Schatten des Hangwaldes problemlos meistern. Nach Erklimmen des Felssporns oberhalb der Kyll führt der gut ausgeschilderte Waldweg anschließend bergab und nach wenigen Minuten erreichen wir **Auw an der Kyll.** Abermals passieren wir ein mächtiges Bahnhofsgebäude, so wie die bisherigen Bahnhöfe entlang der Eifelstrecke in typischer Buntsandsteinbauweise und mit gotischen Fassadenelementen. Schnell gelangen wir den Wegweisern folgend in die Ortsmitte mit seiner hochgele-

Die Kyll bei Speichermühle

Erfrischungstour 15

Im Biergarten des Alten Pfarrhauses kann man seinen Kalorienhaushalt mit regionaler Küche wieder ausgleichen. Wie wäre es zum Beispiel mit einem beschwipsten Fischle als regionale Besonderheit? Oder doch lieber ein Alt-Pfarrhaus-Schnitzel? Guten Appetit!

genen Kirche und dem vorgelagerten Alten Pfarrhaus, der dortige Biergarten lädt zu einer ausgedehnten Rast ein. Eine Stärkung nach dem vorherigen Anstieg haben wir uns wahrlich verdient! Die **Wallfahrtskirche Mariä Himmelfahrt** ❸ in Auw an der Kyll stammt aus dem 14. Jahrhundert, der heutige Bau wurde 1746 fertiggestellt. Das benachbarte **Alte Pfarrhaus** ❸ wird heute gastronomisch genutzt.

Vor der Weiterfahrt kann man sich am Dorfbrunnen links am Wegesrand erfrischen, danach geht es halb links auf der **Klosterstraße** weiter, anschließend halb rechts in die **Marienstraße.** Über den **Daufenbacher Weg** verlassen wir das Örtchen an der Kyll; so haben wir kurze Zeit später den Weg wieder für uns allein und können unsere Seele baumeln lassen.

Auf dem Kyll-Radweg

Nun wird es wieder eng im Tal, der Fluss knickt abermals ab, doch dieses Mal werden wir parallel mit dem Bahngleis durch den Tunnel geführt. Hinter dem Tunnel verraten uns die links von uns liegenden Felsformationen die Herkunft des Ausgangsgesteins, mit ein wenig Glück lassen sich in der Mittagssonne Eidechsen auf dem blanken Felsgestein ausmachen.

Bald darauf endet der Weg auf einer Straße, die uns nach Daufenbach hineinführt. In diesem 160-Seelen-Ort, heute ein Ortsteil des auf der Höhe liegenden Zemmer, befindet sich ein weiteres repräsentatives Bahnhofsgebäude.

Hinter Daufenbach fahren wir zunächst ein Stück auf dem Radweg neben der Landstraße L 43 weiter, in Höhe der Deimlinger Mühle – bis in die 1970er-Jahre war hier ein Sägewerk in Betrieb – queren wir rechts Fluss und Mühlengraben, orientieren uns am Ortsende links, queren am Wegende die Straße und fahren auf dem Feldweg weiter, in der Folge mal wieder bergan. Später lassen wir uns bergab den Wind um die Nase wehen und rollen über die Friedhofstraße auf die Hauptstraße nach Kordel, vorbei an der neugotischen Kirche St. Amandus, biegen in der Ortsmitte links vorsichtig auf die stärker befahrene Straße ein, um nach Querung des Bahngleises in Höhe des Bahnhofs rechts abzubiegen. Über den Ramsteiner Weg verlassen wir den Ort, und es kehrt wieder Ruhe ein. Wir passieren ein Pegelhäuschen, unterqueren die Bahn und fahren in westliche Richtung auf den Wald zu. In Höhe der Kreisstraße K 28 halten wir uns links, kurz danach besteht die Möglichkeit eines Abstechers zur dortigen Burgruine Ramstein ❹, an dessen Fuß sich zudem ein Restaurant befindet.

Nun geht es wieder ein Stück bergan, die links von uns liegende Bahn verschwindet in einem Tunnel, den wir nun überqueren müssen. Wir erreichen eine Weggabelung, halten uns dort links und folgen dem Verlauf des Hauptweges in einer Rechtsschleife, erblicken zunächst das Kylltal von oben, bevor es

Erfrischungstour 15

Die Burg Ramstein steht auf einem mächtigen Sandsteinfelsen südwestlich von Kordel im unteren Kylltal. Die um 900 gegründete und unter Kurfürst Balduin von Luxemburg um 1325 fertiggestellte Burganlage war später meist Landsitz der Trierer Domdechanten, bis sie 1689 gesprengt wurde. Erhalten ist unter anderem ein viergeschossiger Wohnturm.

später wieder bergab geht. Auf den letzten Kilometern genießen wir noch einmal die malerische Auenlandschaft, begleitet von rotfarbenen Buntsandsteinfelsen. Der Lärm des Autoverkehrs auf der parallel zur Kyll verlaufenden Bundesstraße B 422 kündigt bereits die Nähe der Moselstadt Trier an. Bald darauf erreichen wir Ehrang, den ersten Ortsteil von Trier. Wer die Tour hier beenden will, fährt rechts auf den Radweg der B 422, nach wenigen Hundert Metern liegt linker Hand der Bahnhof Ehrang, wo unsere landschaftlich reizvolle Radtour endet.

Wer noch in die Römerstadt Trier weiterfahren möchte, orientiert sich am Radwegende an der B 422 links und folgt der insgesamt gut ausgeschilderten Strecke weitere 12 Kilometer bis nach Trier.

Entlang des Kylltal-Radwegs

Alles auf einen Blick

WIE & WANN:
Abwechselnd asphaltierte Straßen und gut ausgebaute Schotterwege;
beste Radelzeit Sommer und Herbst; ideal für Genussradler

HIN & WEG:
Start: Bf Bitburg-Erdorf (GPS: 50.0030, 6.341073)
Auto: Parkplatz am Bf Bitburg-Erdorf
ÖPNV: RE 12, RE/RB 22 (Eifel-Express) aus Richtung Köln bzw. Trier
Ziel: Bf Ehrang
Auto: Rückreise nach Bitburg-Erdorf mit RE/RB 22 (Eifel-Express)
ÖPNV: RE/RB 22 (Eifel-Express) Richtung Köln bzw. Trier, RB 81 (Moseltal-Bahn) Richtung Koblenz
Besonderheit: Die Tour kann bei Bedarf in jedem Ort entlang der Kyll abgebrochen werden, da parallel zur Strecke der Eifel-Express im Stundentakt verkehrt und Fahrräder kostenlos mitnimmt

ESSEN & ENTSPANNEN:
Altes Pfarrhaus ❸ Marienstraße 16, 54664 Auw an der Kyll
Tel. (0 65 62) 9 65 40 90, www.pfarrhaus-auw.de (ab 11 Uhr, Mo. Ruhetag)
Restaurant Burg Ramstein ❹ Burg Ramstein, 54306 Kordel
Tel. (0 65 05) 17 35, www.burgramstein.de (12–20 Uhr, Mi. Ruhetag)

ENTDECKEN & ERLEBEN:
Wasserfall in Hüttingen ❶ mitten im Ort, 54636 Hüttingen
Speichermühle ❷ direkt am Kylltal-Radweg, 54662 Speicher
Wallfahrtskirche Mariä Himmelfahrt ❸ 54664 Auw an der Kyll
Burgruine Ramstein ❹ Burg Ramstein, 54306 Kordel,
Führung und Besichtigung Tel. (0 65 05) 14 45,
www.burgramstein.de

Entspannung ✸✸✸✸✸
Genuss ✸✸✸✸✸
Romantik ✸✸✸✸✸

Die GPS-Daten zu jeder Tour gibt es auf
www.drosteverlag.de

© 2018 Droste Verlag GmbH, Düsseldorf
3. Auflage 2020
Konzeption/Satz: Droste Verlag, Düsseldorf
Einbandgestaltung: Britta Rungwerth, Düsseldorf unter Verwendung von Bildern von fotolia by Adobe: © 3d_generator, © Andrey Kuzmin, © niroworld, © Nik Merkulov; Schutterstock.com: © Caue de Oliveira Buck, © Nik Merkulov, © PIXA
Fotos: Norbert Schmidt, Köln, außer:
Altes Pfarrhaus, Auw an der Kyll: S. 186; Angelika Koch, Gefell: S. 94; fotolia by Adobe/©etfoto: S. 47; Ingrid Retterath, Hürth: S. 90, 102; Wolfgang Schomberg, Verl: S. 1, 28, 54, 84, 87, 95, 104, 175, 188; Haus Ternell: S. 33; Historische Senfmühle Monschau: S. 80; Günter Walther, Köln: S. 123
Karten: Thorsten David, Bochum
Druck und Bindung: LUC GmbH, Greven

Alle Angaben in diesem Buch wurden sorgfältig recherchiert und geprüft. Für die Richtigkeit der Angaben, für etwaige Unfälle und Schäden jeglicher Art kann keine Haftung übernommen werden; die Nutzung erfolgt auf eigenes Risiko. Abweichungen, die nach Redaktionsschluss erfolgten, konnten nicht mehr berücksichtigt werden. Hinweise und Änderungen nehmen wir gern entgegen.

ISBN 978-3-7700-2054-6
www.drosteverlag.de